생명교육총서 3

가치 있는 삶과 좋은 죽음

한림대학교 생사학연구소 엮음

박문사

이 저서는 2012년정부(교육부)의 재원으로 한국연구재단의 지원을 받아 수행된 연구임
(NRF-2012S1A6A3A01033504)

본 총서는 어떻게 살고 싶은가? 어떻게 죽고 싶은가? 라는 단순하지만 근본적인 질문에서 시작되었다. 이 질문은 단순하지만 쉽사리 답을 낼 수 없는 물음이기도 하다. 삶과 죽음의 문제는 질문에서 질문으로 이어지는 끝을 헤아릴 수 없는 철학적 주제이기 때문이다. 그러나 우리의 삶이 영원하지 않으며, 모든 사람이 죽음을 피할 수 없기에 우리는 어떻게 살 것인가? 어떻게 죽을 것인가? 를 질문할 수밖에 없는 존재이기도 하다.

오늘날 우리사회는 돈과 경쟁력이 최고의 가치가 되고 모두가 성공을 향해 전력 질주하지만 OECD 자살률 1위, 노인 빈곤률 OECD 평균 4배라는 살풍경한 모습이다. 이런 속에서 어떻게 병들지 않고 소모되지 않고 가치 있는 삶을 살 수 있을 것인가? 어떻게 품위 있게 죽을 수 있을 것인가? 이런 질문을 던지며 보다 인간다운 삶, 좋은 죽음을 꿈꾸는 이들의 목소리를 담아보고자 하였다. 책은 크게 두 부분으로 구성되었다.

1부의 주제는 가치 있는 삶이다. 이를 위해 삶의 기본 배경이 되는 사회 제도와 시스템을 바꾸는 것의 중요성을 부인할 수는 없을 것이다. 그러나 무엇보다 중요한 것은 시시각각 변화하는 삶의 환경과 조건에 일희일비 하지 않는 우리 내면의 견실한 기준을 마련하는 일일 것이다.

본 총서에서는 상호의존 하는 삶의 원리, 외면의 성공에 함몰되지 않는 '나'를 찾을 수 있는 삶의 가치, 이 세상의 틀을 넘어 더 큰 가치와 의미를 추구하는 삶의 방식을 성찰의 주제로 제기하고 있다. 이 책의 이야기들이 질문에 대한 정답이 아니라는 것은 두 말할 필요가 없을 것이다. 그렇기에 저자들의 이야기를 읽으며 같은 물음 속에서 함께 답을 찾는 과정이 되기를 바란다.

1부에 참여한 이승훈은 「'동감', 다원주의 시대의 삶의 태도」에서 동감이 가지는 중요성을 이야기한다. 다원화된 현실에서 동감은 삶의 가장 바람직한 태도가 된다는 것이다. 현대사회에서 우리 모두는 다른 사람에게 이방인이자 타자로 존재하며 이런 상황에서 서로의 차이와 다름을 존중하며, 배려하고 협력하는 것은 매우 중요한 삶의 태도이다. 동감은 이러한 태도의 바탕이 되는 능력이자 좋은 사회를 위한 중심 요소이다.

박승현은 다양한 소설과 시, 현지조사의 경험을 토대로 노년의 시간, '인생의 마지막 장'을 탐구한다. 인간은 모두 노화를 겪고 죽을 운명을 타고 났기에, 늙는 것과 죽는 것은 우리의 가장 중요한 주제이기도 하다. 그러나 노인이 되어서야 비로소 '노인으로 사는 것'이 어떤 것인지 알게 되기에, 노인의 삶에 무지한 사람들이 주축이 되어 움직이는 세상에서 노인의 요구는 무시되기 쉽다고 얘기한다. 이 글은 인간은 태어난 순간부터 마지막 장까지 타인과의 관계 속에 있으며, 이를 통해서만 '마지막을 매듭 지을 수 있음'을 돌아보게 한다.

이수인은 종교가 인간 삶에 주는 의미와 가치에 대해 이야기한다. 인간에게 무의미함과 무질서란 견디기 어려운 삶의 조건으로서 이것을 이겨내는데 종교가 중요한 역할을 한다. 말레이시아와 인도네시아의 무슬림 여성들의 사례는 종교가 안정된 정체성과 소속감을 제공함으로써 삶이 일관성 있고 안정감 있게 나아감을 보여준다. 또 인간의 고통과 죽음, 죽음 이후의 문제와 같은 궁극적 질문에 답하고 세상의 가치를 넘어 더 높은 가치를 위해 헌신하게 하는 힘이 종교로부터 흘러나오는 점에 주목한다.

강철은 「행복과 삶-생명으로서의 욕구와 삶으로서의 욕구를 중심으로」에서 생명이 신체적인 생리현상과 관련 된다면, 삶은 의식 활동이나 정신 활동과 관련된 가치와 의미로 구성된다고 주장한다. 이러한 관점에서 행복이란 무엇인가? 를 질문하며 경험주의적 행복관을 비판적으로 고찰한다. 그리고 서로를 가치 있게, 소중하게 대우하는 공동체 속에서 인간의 삶은 생명이 끝나는 죽음 그 너머까지 미칠 수 있으며, '삶으로서의 욕구'가 인간으로 하여금 '행복한 생존'을 넘어서 '가치 있는 삶'을 추구하도록 만든다고 이야기한다.

2부는 '좋은 죽음'을 주제로 글을 엮었다. 죽음은 삶과 가장 가까이에 있는 삶의 다른 얼굴이기도 하다. 따라서 좋은 삶, 가치 있는 삶은 죽음을 망각하지 않는다. 죽음을 애써 인생의 한구석으로 구겨 넣지 않는다. 좋은 죽음은 결국 가치 있는 삶, 좋은 삶의 끝에서 완성될 것이라는 믿음은 죽음을 앞에 두고 살아가는 우리에게 최고의 위안이며 위로이다.

「죽음, 좋은 죽음 그리고 전해야 할 말」로 시작한다. 그는 죽음은 삶에서 맞이할 수밖에 없는 것으로 생명의 과정 속에 있는 것임을 강조하며 삶과 죽음을 대립적으로 혹은 긍정과 부정으로 보는 시각에 문제를 제기한다. 죽음을 대립적으로 보지 않고 하나의 과정으로 본다면, 죽음에 대한 이해와 태도가 지금과 같은 부정적인 관점에서 이해되지 않을 것이다. 인간은 육체와 정신, 정서, 영적인 측면까지 포함하는 종합적인 특성을 지닌 존재이자 가족과 사회에 속한 존재이기도 하다. 따라서 좋은 죽음에 대해 이야기하고자 한다면 이러한 관계성들을 종합적으로 다루어야 한다.

정현채는 「죽음은 벽인가, 문인가?」를 통해 죽음에 대한 태도가 우리의 삶의 태도를 결정한다는 견해를 개진한다. 죽음을 내포하고 있는 생명의 본질과 삶의 의미에 대해 깊은 인식에 이르게 되면, 자신에게 닥치는 어려움들을 영적인 성장의 기회로 껴안게 되고, 삶의 소소한 것들에서도 감사함을 느낄 수 있다는 것이다. 또 근사체험과 삶의 종말 체험에 대한 이해는, 우리가 죽음으로 소멸되는 존재가 아니며, 우리 모두가 영적인 존재라는 자각으로 이끈다. 나아가 영적으로 서로 연결되어 있다는 유대감과 영속성에 대한 인식을 통해 죽음에 대한 두려움을 떨칠 수 있을 것이라고 본다.

김혜미는 죽음과 죽음 이후의 세계에 대한 궁금증을 옛이야기를 통해 풀어낸다. 「잘 죽는다는 것은? 옛이야기 〈개로 환생한 어머니 여행시킨 아들〉」에서 열심히 내 가정을 돌보며 살았지만, 개로 환생해버린 어머니가 등장한다. 어머니가 지은 죄는 아들에게 계속 주기만 하고, 집안 만 돌보았다는 것이다. 자식에게 주기만 하는 삶, 자식을 독립된 개체로 인정하지 않는 삶은 자신과 자녀 모두에게 죄가 될 수 있는 것이다. 이 이야기는 좋은 삶이란 무엇이며, 좋은 죽음이란 무엇인지 되돌아보게 해준다.

유창선은 「아들의 전사, 반전 화가가 된 콜비츠」라는 제목으로 아들 페터를 전쟁에서 잃고 반전주의자, 평화주의자로 나서게 되는 어머니 콜비츠의 이야기를 들려준다. 콜비츠에게 비극을 안긴 시대는 나치 독일의 야욕으로 인해 유럽의 수많은 젊은이들이 죽어간 시대였다. 아들 페터의 죽음을 거치며 어머니, 콜비츠는 전쟁의 야만과 폭력에 눈을 뜨게 되고 반전과 평화주의자로 거듭난다. 죽음이 다시 삶의 동력이 된 것이다.

죽음은 분명한 정의를 내릴 수 없는 사실이자 진실이기도 하다. 죽음을 포장한다면 그것은 삶에 대한 위선이 될 것이다. 죽음으로 우리는 삶의 가치와 의미를 최상으로 들어 올릴 수 있으며 삶의 무게를 내려놓을 수 있다. 죽음 앞에서 겸손해 진다면 죽음이야말로 삶 속에서의 조용한 휴식인지도 모른다. 죽음은 이야기의 끝이 아니다. 우리 인간은 육체의 삶만을 사는 존재가 아니고 정신과 영혼의 삶, 가치와 의미의 삶, 공동체의 삶을 사는 존재이기 때문이다. 본 총서가 '가치 있는 삶과 좋은 죽음'의 길 위에 선 이들에게 질문의 마중물이 되기를 소망한다.

본 총서의 취지에 공감하고 여러 차례 글을 다듬어 주신 집필진들께 감사의 마음을 전하며, 편집에 도움을 준 한림대 생명교육융합학과 대학원의 김경희, 용채은, 정영미, 정예빈의 수고에도 감사를 표한다.

2018년 2월
한림대 생사학연구소 편집위원회

7

목\차

[1부]

가치 있는 삶

1. '동감', 다원주의 시대의 삶의 태도   이승훈   013

2. 인생의 마지막 장에 대한 탐구   박승현   033

3. 종교가 인간 삶에 주는 의미와 가치   이수인   055

4. 행복과 삶   강 철   087
   : 생명으로서의 욕구와 삶으로서의 욕구를 중심으로

목 \ 차

[2부]

좋은 죽음

1. 죽음, 좋은 죽음 그리고 전해야 할 말   양정연   113

2. 죽음은 벽인가, 문인가?   정현채   141

3. 잘 죽는다는 것은?   김혜미   161
   : 옛이야기 〈개로 환생한 어머니 여행시킨 아들〉

4. 아들의 전사, 반전 화가가 된 콜비츠   유창선   187
   : 케테 콜비츠의 「피에타」

9

1부

가치 있는 삶

이승훈   '동감', 다원주의 시대의 삶의 태도

박승현   인생의 마지막 장에 대한 탐구

이수인   종교가 인간 삶에 주는 의미와 가치

강 철   행복과 삶
         : 생명으로서의 욕구와 삶으로서의 욕구를 중심으로

01 '동감', 다원주의 시대의 삶의 태도

이승훈

인간은 본래 이기적 존재라고 한다. 하지만 자신의 이익과 상관 없이 타인의 불행을 안타까워하고 즐거움을 함께 기뻐하는 마음 또한 가지고 있다. 이것이 동감 능력이다. 동감은 나와 다른 사람을 배려하고 이해하며, 나아가 합리적인 대화와 소통을 가능케 하는 근본 능력이다. 이런 이유로 다원주의인 현대 사회에서 그 어느 때보다 동감의 중요성이 강조되고 있다. 물론 상대에게 지나치게 동감하여 잘못된 판단을 하거나, 가족이나 친구 등 자신과 친밀한 사람들에게만 발휘되는 편협한 감정이라고 비판할 수도 있다. 바람직한 동감은 감정의 비합리성과 편협함을 보완할 수 있어야 한다는 것이다. 동감의 사상가들은 동감에도 합리성과 보편성의 요소들이 있다고 주장한다. 우리가 타인의 상황이나 처지에 대해 무조건적으로 동감하는 것이 아니라, 중립적인 관찰자의 입장에서 판단하는 과정을 거치기 때문이다. 제 3자의 관점에서 부당하다고 판단되는 대상이나 상황에 대해서 우리는 동감하지 않는다. 현대 사회에서 우리 모두는 다른 사람에게 이방인이자 타자로 존재한다. 이런 상황에서 서로의 차이와 다름을 존중하면서도, 함께 배려하고 협력하는 능력은 매우 중요한 삶의 태도이다. 동감은 이러한 태도의 바탕이 되는 능력이다. 이 능력은 모든 인간이 가지고 있는 생물학적 특성이지만, 동시에 계발하고 키워야 할 자질이기도 하다. 이를 위해서 우리 사회도 다방면에서의 노력이 필요하다고 생각한다. 인문학 공부, 예술 체험, 자원봉사활동 등과 같은 공공 활동 참여, 그리고 동감 친화적 사회 제도 수립 등이 동감 능력 향상을 위한 방법들로 제시될 수 있을 것이다.

1. '동감'이란 무엇인가?

우물에 빠지려는 아이를 보게 되면, 자신과 상관이 없을지라도 사람들은 당연히 깜짝 놀라 구해주려고 할 것이다. 맹자는 이것을 '측은지심(側隱之心)'이라고 하였다. 곤경에 빠진 사람을 보면서도 '측은지심'을 가지지 못한다면, 이는 사람이 아니라고도 했다. 이런 생각이 동양만의 고유한 사상은 아니다. 경제학자 아담 스미스도 「도덕감정론」이라는 자신의 책에서 비슷한 이야기를 한다. 만약 누군가가 어떤 사람의 다리나 팔을 칼로 찌르려는 것을 보게 되면, 우리는 자신의 몸이 아닌데도 저절로 움츠리거나 다리나 팔을 뒤로 빼게 된다. 실제 그 사람이 칼에 찔렸을 때에는 자기 자신도 어느 정도 그 고통을 느끼고 마음에 상처를 받게 되기도 한다. 자기 자신이 그 사람의 처지에 있었다면 그렇게 할 수밖에 없었을 것이라고 느끼기 때문이라는 것이다.

사람은 왜 자신의 일이 아닌데도, 다른 사람의 불행을 보면서 마음 아파할까? 왜 타인의 고통을 마치 자신의 일인 것처럼 느끼는 것일까? 인간을 본성상 이기적인 존재라는 관점에서 보자면, 언뜻 이해가 되지 않는다. 하지만 사람에게는 이기적인 동기뿐 아니라, 자신의 이익과 상관없이 타인의 불행을 안타까워하고 즐거움을 함께 기뻐하는 마음도 분명 존재한다. 인간의 이러한 마음을 강조하는 학자들은 타인에 대한 연민이나 동감이 도덕성의 바탕이고, 바람직한 사회를 만들기 위한 토대가 된다고 주장했다. 데이비드 흄이나 아담 스미스 등과 같은 18세기 스코틀랜드 지역의 도덕철학자들이 대표적인 사람들이다. 이들의 사상을 계승하는 현대의 여러 학자들은 인간의 공감, 동감, 연민 등에 근거한 도덕의 필요성과 중요성을 강조한다. 이 글에서는 왜 현대 사회에서 '동감'이라는 감정이 중요하게 다뤄지고, 또 다뤄져야 하는지를 살펴보려고 한다.

본격적인 논의를 하기 전에, 먼저 '동감'이 무엇인지를 명확히 할 필요가 있을 것이다. 사실 '동감'이라는 말은 일상에서도 많이 사용하는 말이지만, 그 의미가 무엇인지를 규정하는 것은 쉽지 않다. 모든 개념이 그렇듯이, '동감'이라는 말도 사회적 맥락에 따라 서로 다른 뜻으로 쓰이고, 또 오랜 시간이 흐르면서 새로운 의미가 덧붙여졌기 때문이다. 더군다나 서양의 개념을 번역하는 과정에서 용어의 혼란은 더욱 심해졌다. 같은 단어를 번역자마다 다른 용어로 옮기면서 생긴 혼란이다. 물론 그렇다고 여기에서 '동감' 개념을 명확히 하거나 의미를 확정하려는 것은 아니다. 다만 이 글에서 사용하는 '동감'의 의미를 분명히 할 필요는 있을 것 같다.

사전적인 의미에서 '동감'은 남의 감정, 주장, 의견 등에 대하여 자신도 그렇다고 느끼거나 생각하는 것을 말한다. 비슷한 용어들로는 공감, 감정이입, 동정, 연민 등이 있다. 모두 타인의 감정이나 생각에 대한 행위자의 반응이라는 내용을 담고 있다. 하지만 여기서는 '동감'이라는 용어를 사용하고자 한다. 왜냐하면 동정이나 연민이라는 용어는 즐거움이나 기쁨이 아닌 타인의 불행에 대한 반응만을 의미한다는 점에서 의미가 제한적이고, 또 위 사람이 아래 사람에게 베푸는 시혜라는 뉘앙스가 포함되어 있다고 생각하기 때문이다. 반면 공감이나 감정이입의 용어는 타인의 기쁨, 불행, 슬픔 등을 상상을 통하여 이해한다는 점에서는 '동감'과 비슷하지만, 타인의 고통에 대한 판단이라는 측면에서 분명 서로 다른 의미를 담고 있다. 공감이나 감정이입은 단지 다른 사람의 경험에 대한 상상적 이해에 불과하다. 예를 들어, 타인의 고통을 즐기는 악의적인 사람들도 그 타인의 고통에 대한 공감이나 감정이입은 할 수 있다. 먼저 공감 또는 감정이입을 통하여 타인의 고통을 이해할 수 있어야, 그 고통을 즐길 수 있는 것이기 때문이다. 하지만 '동감'은 다르다. '동감'은 다른 사람의 고통이 나쁜 것이라는 판단을 포함하고 있고, 그래서 고통 받는 타인과 같은(同) 감정(感)을 갖는 것이다. 이 글에서 다루는 내용은 '동감'에 대한 것이다. 그것은 타인의 고통과 기쁨을 이해하고, 나 아닌 타자와 연대의 감정을 느끼는 것이다.

2. 동감의 가능성과 한계

인간의 동감 능력은 여러 긍정적 역할을 하는 것으로 알려져 있다. 어린 아이들이 건강한 자아를 형성하고 성숙한 인간으로 자라기 위해서는, 부모를 포함한 주변 어른들의 동감의 반응과 인정이 필수적이다. 반대로 부모와 주변 어른들로부터 학대를 받거나 방치된 어린아이들은 동감 능력을 제대로 형성하지 못할 가능성이 크다. 흉악범이나 사이코패스, 반사회적 행동 장애를 가진 사람들은 대부분 동감 능력을 결여하고 있다고 한다. 타인의 고통이나 불행에 대해 감정적으로 동감을 할 수 없으니, 이들의 고통에 무감각하거나 심지어 쾌감을 느끼기까지 한다는 것이다.

동감 능력은 사회 차원에서도 매우 중요하다. 시민들의 동감 능력은 민주주의를 실현하는 데 중요한 요인이기 때문이다. 민주주의는 힘이나 폭력이 아니라, 대화와 토론을 통하여 움직인다. 민주주의 사회에서는 나와 다른 생각이나 입장을 가진 사람들과 대화와 토론이라는 과정을 거쳐서 갈등을 조정하고 문제를 해결해나간다. 그런데 대화와 토론을 하기 위해서는 다른 사람의 입장에 서서 생각할 수 있는 능력, 곧 역지사지(易地思之)를 할 수 있어야 한다. 이를 '타인의 태도 취하기'라고 부르기도 한다. 보통 우리가 말이 통하지 않는 사람이라고 할 때, 다른 사람의 입장이나 처지를 이해하지 못하는 사람을 일컫는 경우가 많다. 카벨(Cavell)이라는 학자는 타자의 감정 상태에 대하여 이해하고 인식하기 위해서는, 먼저 타자에 대한 동감의 태도가 필요하다고 했다. 타인의 감정이나 상황에 자신이 실존적으로 참여하고 있는 것처럼 느끼는 자세, 곧 동감의 태도가 전제되어야 다른 사람들의 생각이나 주장을 이해하고 수용할 수 있다는 것이다. 그렇다면 민주적인 대화와 토론을 위해서도 동감 능력은 반드시 필요하다고 할 수 있을 것이다.

이처럼 인간의 동감 능력은 개인의 성숙, 민주주의와 건전한 사회를 형성하는데 매우 중요한 역할을 수행하고 있다. 그런데 의외로 많은 학자들은 동감 능력에 기초하여 도덕이나 사회제도를 수립하는 것에 대하여 부정적인 입장을 가지고 있다. 마사 누스바움은 「감정의 격동 : 2. 연민」에서 그 이유를 크게 세 가지로 요약한다. 첫째, 동감이라는 감정에 의존하게 되면 자칫 잘못되고 비합리적인 판단을 할 가능성이 크다는 이유로, 동감을 부정적으로 평가한다. 예를 들어, 남의 물건을 훔친 도둑이라고 할지라도 나름대로의 사정은 있기 마련이다. 그 안타까운 사정을 듣게 되면 도둑의 상황에 동감을 하게 되고, 더 나아가 옳고 그름의 판단이 흐려질 수 있다는 것이다. 따라서 동감 그 자체가 나쁜 것은 아니지만, 그것에 의존한 판단은 잘못될 수 있다고 우려한다. 도덕적 판단이나 사회 제도는 동감 등과 같은 감정이 아니라, 객관적인 이성에 근거해서 수립되어야 한다는 것이다.

둘째, 동감의 감정은 협소하고 편파적이기 때문에, 바람직하지 못하다는 비판이다. 동감은 분명 좋은 감정이라고 할 수 있지만, 그 범위가 협소하고 특정인에게 더 잘 발휘된다는 점에서 편파적일 수밖에 없다는 것이다. 도덕이나 사회의 제도는 객관적이고 보편적인 원리 위에 기초해야 한다. 하지만 동감은 다른 감정들과 마찬가지로 주관적이고 편협하다. 예를 들어, 사람들은 자신과 가까운 사람에 대해서는 동감하지만, 전혀 모르는 사람이나 자신과 상관없는 먼 외국에서 일어난 일에 대해서는 쉽게 동감하지 않는다. 또 자기 가족의 기쁨이나 슬픔에 대해서는 쉽게 동감하지만, 나와 경쟁관계에 있거나 싫어하는 사람에 대해서는 동감하기가 쉽지 않다. 아담 스미스는 「도덕감정론」에서 동감의 이러한 한계를 보기를 들어 설명하고 있다. 어떤 사람이 내일 자신의 새끼손가락을 잃어야 한다면, 그는 고통과 번민으로 오늘밤 잠들지 못할 것이다. 하지만 일억의 이웃 형제가 파멸한다고 해도 자신이 직접 본 것이 아니라면 안도감을 가지고 코를 골며 잘 것이다. 사람들에게 동감의 능력이 있다는 것이 사실인 것처럼 그 능력이 자신과 친밀하고 가까운 사람들에게 쉽게 발휘된다는 것 역시 부정할 수 없는 사실일 것이다.

동감에 대해 비판적인 태도를 취하는 세 번째 이유는, 동감 능력은 너무 쉽게 부정적인 감정인 분노나 복수와 연결될 수 있기 때문이다. 고통과 불행의 대상이 나 아닌 다른 누군가라고 한다면, 그에 대한 감정은 연민이라는 형태의 동감일 것이다. 하지만 동일한 고통과 불행이 자기 자신이거나 가족 등과 같이 나와 가까운 사람이라고 한다면, 그 고통과 불행에 대한 반응은 분노이거나 복수심으로 쉽게 전환될 수 있다는 것이다. 그래서 정치사상가 한나 아렌트는 가난이나 고통에 대한 연민의 감정이 정치 영역을 지배해서는 안 된다고 주장한다. 연민의 감정이 나쁘기 때문이 아니다. 고통에 대한 동정이나 연민은 그 절박성 때문에 직접적이고 신속한 해결을 요구한다. 하지만 그것이 좌절되면 그 감정은 분노로 전환되고, 더 나아가 폭력적인 수단을 정당화하게 될 수 있기 때문이다. 만약 그렇게 된다면, 민주주의의 과정, 곧 대화와 설득, 협상과 타협과 같은 지루한 정치의 과정들은 무시되고 말 것이다.

이러한 이유들 때문에 동감이라는 감정은 도덕성이나 공적인 정치 영역에 적합하지 않다고 주장하는 것이다. 나름대로 설득력이 있는 주장이다. 하지만 동감의 능력을 강조하는 학자들은 동감의 능력 가운데 이러한 한계를 극복할 수 있는 가능성 또한 찾아볼 수 있다고 말한다. 이들은 동감의 편협성과 비합리성을 조절할 수 있는 이성적이고 객관적인 방안을 제시하고자 했다. 먼저 대표적인 동감의 철학자인 아담 스미스에게 그것은 '공정한 관찰자'라는 개념으로 나타난다. 아담 스미스는 동감을 "기쁨, 슬픔, 고통, 환희, 분노 등과 같은 모든 종류의 열정에 대한 우리의 동포 감정"이라고 정의한다. 그에 따르면, 사람은 누구나 타인의 고통이나 기쁨에 동감할 수 있는 능력이 있을 뿐 아니라, 타인의 동감을 얻고자 적극적으로 노력하기도 한다. 고통과 슬픔 속에 있을 때 타인의 동감은 당사자에게 위로가 되고, 기쁨의 순간에는 타인의 동감이 자신의 즐거움을 더 크게 하기 때문이다. 반대로 자신의 슬픔이나 기쁨에 대한 다른 사람들의 동감의 결여는 무례함으로 이해되고 분노를 야기하게 된다. 하지만 타인의 모든 감정에 내가 동감할 수 있는 것도 아니고, 나 자신의 감정에 타인들이 무조건적으로 동감하는 것도 아니다. 아담 스미스에게 동감은 당사자의 감정과 관찰자의 감정이 서로 비슷할 때 발생하는 것이다. 슬픈 상황 속에 처한 어떤 사람이 자신의 감정을 억제하지 않고서 폭발시킨다면, 관찰자는 그의 슬픔을 이해(공감)할지는 몰라도 동감하지는 못할 것이다. 이처럼 동감은 관찰자의 승인을 요구하는 감정이다. 아담 스미스는 이 관찰자의 판단이 동감의 비합리성과 편협함을 극복할 수 있는 수단이라고 주장한다. 이를 좀 더 자세히 설명해보자. 아담 스미스는 동감의 작용을 몇 단계의 과정을 거치는 것으로 설명한다. 첫째, 관찰자는 상상을 통해 행위자의 상황 속에 자신을 개입시킨다. 둘째, 관찰자는 스스로 이러한 상황에 대한 자신의 반응을 상상한다. 셋째, 관찰자는 행위자의 반응과 자신의 반응을 비교하면서, 유사성과 차이점에 주목하게 된다. 넷째, 이러한 비교로부터 발생하는 평가가 존재한다. 만약 관찰자와 행위자의 반응이 유사하다면 그것은 승인의 경험이 될 것이고, 아니라면 고통스러운 불승인의 경험이 될 것이다. 다섯째, 만약 우리가 개인적인 친소 관계로 공정한 판단을 하지 못했다면, 우리는 마음 속 '공정한 관찰자'에 호소함으로써 우리의 편견을 수정해야 한다. 결국 동감의 최종 단계에서 우리는 '공정한 관찰자'의 관점에서 자신이나 타인의 감정을 판단하고 조절하게 된다. 마음속에 존재하는 '공정한 관찰자'의 역할은 아마도 우리가 양심이라고 부르는 것이 하는 역할과 비슷하다고 볼 수 있을 것이다. 아담 스미스는 이를 통해서 동감의 객관성과 보편성을 확보할 수 있다고 보았다.

미국의 철학자 조지 허버트 미드에게 동감의 한계를 극복할 수 있는 것은 '일반화된 타자'의 역할이 있기 때문이다. '일반화된 타자'라는 미드의 개념은 아담 스미스의 '공정한 관찰자'와 상당히 비슷하다. 실제 미드는 아담 스미스의 사상에 정통하였고, 강의에서도 자신의 생각을 아담 스미스와 연결하여 강조하기도 했다고 한다. 미드에 의하면, 개인의 '자아'는 타인의 시각에서 나 자신을 볼 수 있을 때 형성된다. 자아는 다른 사람들이 "너는 어떤 사람이다"라고 그 자신에게 규정해주는 사회적 교류 과정에서 발생한다는 것이다. 어린 아이는 '놀이'와 '게임'을 하면서 타자가 기대하는 자신의 모습을 배우게 된다. 놀이와 게임에서 일정한 역할을 수행하면서 타인의 태도를 이해하게 되고, 나아가 그 타인의 입장에서 자신을 볼 수 있게 되기 때문이다. 그 과정 겪으면서 자아는 성장해간다. 따라서 개인이 상호교섭을 하는 타인의 범위가 넓으면 넓을수록, 그는 자신의 자아를 좀 더 보편적이고 객관적인 관점에서 이해하고 행동할 수 있게 된다. 사람이 성숙해진다는 것은 개인이 취하는 타자의 범위가 점차로 확장해간다는 것을 의미하는 것이고, 그 범위가 조직화된 공동체나 전체 사회집단으로까지 확장되면, '일반화된 타자'라고 부르는 태도를 내면화하게 된다. 미드에게 '일반화된 타자'란 공동체 전체의 태도이다. 성숙한 개인은 전체 공동체의 태도, 곧 '일반화된 타자'의 관점에서 자신의 말과 행위를 성찰할 수 있는 법이다. 물론 '일반화된 타자'의 태도를 내면화했다고 해서, 그가 사회의 프로그램화된 규범에 따라 행동하는 기계가 된다는 뜻은 아니다. '일반화된 타자'와의 내적 대화 과정 속에서 전혀 새로운 창조적 행위를 할 가능성이 여전히 존재한다. 미드 또한 인간 행위가 갖는 이러한 창조성을 중요하게 다루고 있기도 하다. 하지만 여기에서 강조하고 싶은 것은, '일반화된 타자'의 형성 과정이 동감의 협소함과 편향성을 조정할 수 있음을 보여준다는 것이다. 우리는 다양한 사람들의 입장에 대한 동감을 통하여, 좀 더 보편적이고 일반적인 관점을 획득할 수 있게 되는 것이다.

3. '타자'와 '이방인'을 향한 바른 태도는 무엇일까?

그렇다면 이런 동감이 특히 현대 사회에서 주목받고 있는 이유가 무엇일까? 많은 사람들이 저적하고 있듯이, 현대 사회의 중요한 특징 가운데 하나가 바로 '다원주의'이다. 이때 '다원주의'는 단순히 다르고 이질적인 것들이 공존한다는 수동적인 의미를 넘어서, 다양성과 차이가 그 자체로서 존중되어야 할 가치라는 적극적인 의미를 담고 있다. 가치로서 '다원주의'가 등장하게 된 것은 현대 사회의 변동과도 밀접한 관련이 있다. 정보화와 세계화는 사람과 물자의 이동을 통제하던 국가의 장벽을 낮춰버렸다. 노동자들의 이동에는 여전히 적지 않은 장벽이 존재하기는 하지만, 국경의 경계를 넘나드는 것이 예전에 비해 훨씬 자유로워진 것이다. 우리 사회에서도 여러 국적과 인종의 사람들을 볼 수 있고, 세계 각국의 전통 음식을 먹으며, 다양한 문화를 즐길 수 있게 되었다. 특히 인터넷 세상은 그나마 존재하던 시간의 장벽도 넘어서, 동시간대에 세계 어느 장소와도 접속하는 것이 가능해졌다. 이제는 이질적인 것, 낯선 것들과의 부딪힘이 빈번해진 시대를 살고 있다. 익숙하지 않은, 낯선 사람들을 우리는 이방인 또는 '타자'라고 부른다. 현대 사회에서는 이방인이나 '타자'와의 공존이 일상이 되었다. 우리도 역시 다른 상황, 다른 장소에서는 언제든지 이방인이나 타자가 될 수 있다. 달리 말하면, 현대사회에서 우리 모두는 다른 사람에게 이방인이자 타자로 존재한다는 것이다. 하지만 타자나 낯선 이방인들과의 공존은 항상 긴장과 갈등을 낳을 수밖에 없다. 나와 다른 사람들과 부딪히며 살아야 하니 어쩌면 당연한 일이라고 할 수 있을 것이다. 따라서 다양한 가치들이 존중되어야 한다는 '다원주의'는 타자나 이방인들과 함께 협력하며 살아가야 하는 현대인들에게 필연적으로 요구되는 가치인지도 모른다. 문제는 낯선 사람들과의 긴장과 갈등을 넘어서, 어떻게 서로의 존재와 권리를 인정할 수 있는가 하는 점이다.

여기에서는 타자와 차이에 대한 태도를 몇 가지 유형으로 구분하고, 동감이 어떻게 차이와 인정이라는 현대 사회 문제의 대안이 될 수 있는지를 논의하고자 한다. 먼저 차이와 다양성에 대한 가장 손쉬운 대응은 차이에 대한 폭력, 곧 차별이라고 할 수 있다. 나와 다르거나 낯선 것을 보게 되면 경계심을 갖고 피하는 것이 어쩌면 자연스러울 수도 있다. 이런 경우 타자를 자기화하여 받아들이거나, 우리의 범주에서 배제하고 쫓아버리는 선택을 하기 쉽다. 기존의 문화와 삶의 방식을 고집하면서, 자신의 방식을 받아들이거나, 아니면 나가라는 양자택일을 요구하는 것이다. 이것은 나와 다른 것은 인정하지 않겠다는, 일종의 차이에 대한 폭력이라고 할 수 있다. 예를 들어, 우리 사회의 이주 노동자들에게 한국 문화를 수용하든지 아니면 당신네 나라로 돌아가라고 요구한다면, 이것은 그들에 대한 일종의 폭력적 대응이라고 볼 수 있다. 우리 사회와 같이 개인의 자율성이나 개성보다는 집단의 가치나 논리를 우선시하는 사회에서는 차이에 대한 이러한 폭력이 일어날 가능성이 더 크다고 할 수 있다. 집단의 가치가 절대화되면 내부 구성원들의 자율성을 억압하고 이들에게 획일성과 순응을 강제하게 되기 때문이다. 세상을 다르게 보는 가능성을 없애고 하나의 관점만을 허용한다는 점에서, 그리고 모든 차이가 사라진 균질화되고 획일화된 세계를 강요한다는 점에서, 그것은 일종의 폭력이다. 매일 나와 다른 타자나 이방인과 더불어 살아야 하는 현대 사회에서, 이들의 다양성을 억압하거나 무시하는 것은, 가능한 삶의 태도가 아닐뿐더러, 바람직한 자세라고도 할 수 없을 것이다.

차이를 다루는 두 번째 대응 논리로 '관용'을 들 수 있다. 보통 관용은 서로 다름에 대해 인정한다는 것을 뜻하는 말로 사용된다. 따라서 관용이야말로 현대 다원주의 사회에서 개인들이 갖추어야 할 가장 중요한 미덕 가운데 하나이며, 차이를 차별하지 않고 평등하게 다루는 수단이 될 수 있다고 주장하곤 한다. 차이와 다름을 실제로는 참기 어렵지만, 밖으로 이를 표현하지 않고 오히려 용납한다는 뜻이기 때문이다. 하지만 웬디 브라운은 정치의 영역에서 관용의 논리가 어떻게 교묘하게 차이를 배제하고 탈정치화시키고 있는지를 분석하고 있다. 관용이란 차이를 용납하고 수용하는 것 같지만, 실은 차이를 교묘하게 억압하는 수단이라는 것이다. 그녀에 따르면, 개인 윤리로서의 관용과 정치적 담론으로서의 관용은 구별되어야 한다. 분명 "타인의 거슬리는 취향을 용인하는 개인적 윤리로서의 관용은, 많은 경우 선(善)"이라고 할 수 있다. 우리가 "친구의 불쾌한 웃음

소리나 학생들의 거슬리는 복장, 동료의 종교적 열정이나 낯선 이의 불쾌한 냄새, 옆 집 정원의 너저분함 같은 것들은 좀 더 관용할 수 있다면, 확실히 세상은 좀 더 우아하고 아름다운 곳"이 될 것이다. 하지만 정의나 시민의 공존 등과 같은 정치적 담론으로서의 관용은 개인 윤리와는 다른 차원의 문제라고 할 수 있다. 정치적 용어로서의 관용은 "사회적, 정치적, 종교적, 문화적 규범들을 부과하는 행위이며, 관용의 대상이 되는 이들을 관용을 베푸는 이들에 비해 열등하고 주변적이며 비정상적인 이들로 표지하는 일인 동시에, 상대가 관용의 한계를 넘어섰다고 판단될 경우 부과할 수 있는 폭력 행위를 사전에 정당화하는 기제"라는 것이다. 정치적 관용은 차이를 인정하는 것 같지만, 실은 타자를 종속적이고 비정상적인 위치에 고정시키는 역할을 한다. 그리고 자신들이 정해준 그 자리를 벗어나게 되면 언제든지 관용이 철회될 수 있음을 암시하고 있다. 동성애자들이나 소수자로서의 여성을 보기로 들 수 있을 것이다. 사회의 주류를 차지하고 있는 이성애자들은 동성애자들을 비정상적이고 안타까운 존재로서 배려해야 한다고 주장한다. 하지만 동성애자들이 이성애자들이 정해놓은 범위를 넘어서 벗어나는 것을 허용하지 않는다. 만약 동성애자들이 자신들의 종속적 위치를 넘어서 보험이나 재산 등에서 이성애 가족과 같은 동일한 권리를 요구하게 되면, 이들은 언제든지 폭력과 무시의 대상으로 전락하게 되는 것이다. 여성의 경우에도 동일한 논리를 적용할 수 있다. 남성들은 여성들이 약하고 수동적이기 때문에 배려되어야 할 관용의 대상이라고 이야기한다. 하지만 역으로 여성으로서의 그런 수동적 위치에서 벗어나지 않아야만 배려될 자격을 가질 수 있다. 만약 여성들이 적극적으로 남성들과 동일한 지위와 권리를 요구하게 되면, 관용의 범위를 넘어선 행위이기 때문에 무시하거나 억압해도 되는 폭력의 대상이 되는 것이다. 실제 2006년 '외국인 노동자 문화 축제'에서 사회비판적인 노래 대신에 네팔 노래를 부를 것을 주최 측으로부터 요청받았던 이주노동자 밴드 '스탑 크랙다운(Stop Crackdown)'의 에피소드가 이러한 태도를 보여주는 사례라 할 수 있다. 이주노동자 밴드를 배려하여 무대에 설 수 있는 관용을 베풀었지만, 이들이 한국 사회에 대한 비판의 노래를 부르려고 할 때는 관용의 범위를 넘어서는 것으로 허용되지 않았던 것이다. 이처럼 정치 영역에서의 관용이란 강자가 약자에게 베푸는 행위이고 약자를 주변적인 위치에 계속 배치하는 논리이다. 타자와의 공존을 주장하지만 이들을 여전히 자기 밖에 존재하는 폭력의 대상으로 여긴다는 점에서 한계를 가지고 있다. 이것 역시 다원주의 시대에 차이를 대하는 바람직한 태도라고 볼 수는 없을 것이다.

차이를 대응하는 세 번째 태도는 아마도 '무관심한 공존'이라고 할 수 있을 것이다. '차이의 철학'을 주장하는 포스모던 철학자들이 여기에 해당한다고 할 수 있다. 어찌 보면 포스트모던 사상이야말로 타자와 이방인에 대한 존중을 강조하는 사상으로서, 다원주의 시대의 대표적인 철학이라고 할 수도 있을 것이다. 철학자 리오타르는 「포스트모던의 조건」에서 "차이에 대한 우리의 감수성을 세련시키며 불가공약성에 대한 우리의 인내력을 강화"해야 한다는 유명한 주장을 했다. 차이와 다양성은 존중받아야 할 가치이기 때문에, 다원주의 시대를 살아가는 현대인들은 차이에 민감한 감수성을 가져야 한다. 그리고 '불가공약성', 곧 하나의 획일적인 기준으로 판단할 수 없는 다양하고 이질적인 것들을 그 자체로 존중할 수 있는 인내력을 키워야 한다. 이러한 태도는 가장 극단적으로 타자와 차이를 존중하는 태도라고 할 수 있다. 하지만 너무나 쉽게 무관심을 정당화하는 논리로 전환될 수도 있다. 오늘날 차이를 대하는 방식은 차별만큼이나 무관심이 주를 이루고 있다고 할 수 있다. 차이에 대한 인내와 감수성을 주장하는 '차이의 철학자들'은 차이의 해소가 의도하지 않게 차이를 없애려 하기 때문에 억압과 지배가 개입될 수밖에 없다고 주장한다. 차이를 그 자체로 인정해야 한다는 것이다. 하지만 현실에서 차이의 긍정은 아마도 자신의 무관심을 포장하는 수사에 불과한 경우를 많이 볼 수 있다. 비록 깊은 차원의 철학을 담고 있지는 않다고 해도, "나는 나, 너는 너"라는 대중 구호는 자신의 철학적 입장을 이들로부터 따오고 있다고 할 것이다. 차이를 존중한다고 하면서, 차이에 무관심하다면 그것은 바람직한 태도라고는 할 수 없을 것이다. 차이나 다양성이 존중되어야 하는 이유 가운데 하나는, 이것들이 새로운 변화와 발전을 낳는 동력이 될 수 있기 때문이다. 낯선 것이나 이질적인 것들과의 만남을 통하여 긴장과 갈등이 생기고, 그것은 다시 자기 변화와 문화 혁신을 가능케하는 원동력이 되는 것이다. 그래서 사회학자 한스 요아스는 차이가 아무런 긴장도 없이 존재하게 된다면, 차이에 대한 가능한 합의나 결속의 가능성을 미리 포기하는 것이며, 새로운 변화와 사회적 연대의 가능성 자체를 또한 차단하는 것이라고 비판한다. 결국 차이는 존중되어야 하지만, 차이들 간의 끊임없는 상호작용과 이로 인한 긴장이 없다면, 그것은 개인들의 무관심과 사회의 무질서를 정당화하는 논리로 전환될 위험이 있다. 따라서 '무관심한 공존' 역시 다원주의 시대를 살아가는 바람직한 태도라고는 할 수 없을 것 같다.

차이를 다루는 네 번째이자 가장 바람직한 대응은 바로 '차이에 대한 동감'이라고 할 수 있다. 앞서 개념에서도 보았듯이, 동감은 차이를 획일화하는 차별과도 다르며, 차이에 대한 무관심과도 구별된다. 차이를 그 자체로 존중하면서 상호간의 관심과 협력을 모색하는 것이기 때문이다. 먼저 동감은 '나'와 '타자' 사이의 구분을 전제로 한 개념이다. '나'와 '타자' 사이의 구분이 전제되지 않는 감정은 진정한 의미의 동감이 될 수 없다. 예를 들어, '감정 전염'이나 '감정 합일'은 여기서 말하는 동감은 아니다. '감정 전염'이란 즐거운 분위기의 장소에 가면 자신도 모르게 즐거운 감정을 느끼는 경우에 해당하는 용어이다. 축제 현장에 가면 이유 없이 자신도 즐거워지는 것을 경험해 봤을 것이다. 이것은 타자를 이해하고 인정함에서 오는 감정이 아니라는 점에서 동감하고는 구별된다. 이에 비해 '감정 합일'은 특정한 인물이나 토템에 대한 집단적 감정에 빠져서 자신을 망각하는 것을 가리키는 용어이다. 사이비 종교 지도자나 특정 연예인을 우상화하는 경우가 그렇다. 이것은 자신의 자아를 포기하고 상대방과 자신을 동일시한다는 점에서 역시 타자에 대한 동감이라고 할 수는 없다. 진정한 동감은 자신과 타자의 차이를 인식하는 것이고, 나아가 그럼에도 불구하고 그 차이를 존중하는 것이다.

동감은 또한 차이를 존중하면서 동시에 서로 간의 협력과 연대를 형성하는 수단이기도 하다. 사람들이 자신이 아닌 타인에게 관심을 가지고 그들에 대한 감정을 느낄 수 있는 것은 동감의 능력, 곧 상상력을 통하여 자신과 상대방의 입장을 바꿔볼 수 있는 능력에 근거한다. 이 능력 때문에 우리는 자신의 행동을 다른 사람들에게 인정받고자 하고, 그러기 위해서 타자의 관점에서 자신의 행위를 조절하게 된다. 이것이 상호간의 협력과 연대의 바탕이 되는 것이다. 타자와 이방인을 대하는 바람직한 태도로서 동감에 주목하는 것은 이런 이유 때문이다. 동감은 나와 다른 타자의 차이를 인정하면서 그들과 협력할 수 있는 전제이다. 또한 동감은 낯선 이방인을 환대할 수 있는 유일한 조건이기도 한다.

동감의 연대를 위해서는 다른 사람과의 차이에 대한 인식만큼이나, 서로 간의 보편적인 동질성 또한 전제해야 한다. 이것은 물론 서로의 차이를 획일화하는 동질성은 아니다. 루소는 나의 약함과 취약성을 인식하는 것이 동감의 필수적인 요소라고 지적했다. 국왕이 신하들에 대하여, 부자들이 가난뱅이에 대하여, 귀족들이 평민들에 대하여 동감하지 못하는 이유는 자신들은 절대 그렇게 되지 않을 것이라고 생각하기 때문이다. "불행한 사람들의 운명이 자기의 것이 될 수도 있다는 것"을 인정하여야 비로소 우리는 타자에 대하여 동감할 수 있는 것이다. 마사 누스바움은 타자에 대한 동감은, 나도 고통 받는 타자와 비슷하게 될 가능성이 있다는 판단을 전제한다고 말한다. 인간이 잘 살기 위해서는 재산, 건강, 시민권, 자유 등의 요소들이 중요한 자원일 것이다. 하지만 삶이란 누구에게나 취약할 수 있으며, 누구에게 어떤 일이 닥칠지 알 수 없다. 삶이란 불확실한 것이기 때문에, 우리는 고통을 당하는 사람의 운명이 나의 운명이 될 수도 있음을 인정할 수밖에 없다. 따라서 누스바움은 "다른 조건이 동일하다면 최악의 사람들 – 가난한 사람들, 전쟁에서 패배한 사람들, 여성들, 하인들 – 의 운명이 최대한 좋은 사회를 원하게 될 것"이라고 말한다. 취약성을 공유한다는 생각이 나와 다른 조건의 사람들에 대한 동감의 감정을 갖게 하는 배경이라는 것이다. 나도 상황에 따라서 언제든지 타자가 될 수 있다는 가능성이 낯선 타자를 이해하고 배려하는 이유가 되는 것이다. 현대 사회에서 요구하는 것은 이러한 동감이다. 서로의 차이를 인정하면서도, 같은 운명 공동체임을 인식하고 있는 동감이다. 마지막 장에서는 이러한 동감이 어떻게 발생하며 확장될 수 있는지 그 방안에 대하여 알아보자.

4. 동감 능력의 향상을 위하여

동감은 나와 타자의 차이를 인정하면서도, 그 타자가 넓은 의미에서 나와 공동의 운명임을 이해하는 것이다. 하지만 아무리 좋은 것이라고 할지라도, 그것을 어떻게 실현시킬 수 있을 것인가가 중요한 문제라고 할 수 있다. 분명 인간은 동감 능력을 본성으로 가지고 있다. 갓난아기는 웃고 있는 엄마의 얼굴을 보면 웃는 표정을 짓는다. 생물학자들은 이것이 '거울 신경세포'의 작용이며, 타인의 감정에 동감 반응을 할 수 있는 유전적 특성이라고 주장한다. 하지만 생물학적 특성을 가지고 있다고 해서, 누구나 동감의 능력을 발휘할 수 있는 것은 아니다. 동감의 능력은 키우고 발달시켜야 할 자질이다. 많은 사람들이 지적하듯이, 동감 능력은 무엇보다도 아이와 부모의 상호작용을 통하여 발달한다. 아이에 대한 사랑과 이해가 결핍된 양육 환경에서 동감 능력을 갖춘 아이가 성장하기는 어려운 법이다. 인문학이나 예술도 인간의 동감 능력을 향상시키는데 중요한 수단이 될 수 있다. 특히 문학은 상상력을 통해서 타인의 삶을 간접적으로 체험할 수 있는 기회이기 때문에, 나와 다른 타자의 입장을 이해할 수 있는 계기를 제공한다. 이런 이유로 고대 아테네에서는 비극이 젊은이들의 도덕 교육을 위한 중요한 수단으로 다뤄졌다. 예술 또한 감상자가 예술가의 감정과 경험을 함께 체험하게 한다는 점에서 문학과 비슷한 역할을 한다. 본래 '공감empathy'이라는 개념이 미학에서 나온 것에서 알 수 있듯이, 미학적 경험은 동감의 한 형식이라고 할 수 있다. 예술의 감상자는 대상에 대해서나 예술가의 정신 모두에 대해서 무언가를 보고 느낌으로 반응하는 것이기 때문이다. 익숙하지 않거나 낯선 타인들과 만남을 자주 갖는 것도 동감의 범위를 확장하는데 중요한 역할을 할 수 있다. 동감은 기본적으로 타자의 입장에 서서 생각하고 판단할 수 있는 능력에 기초하고 있다. 따라서 내가 고려하고 있는 타자의 범위가 넓으면 넓을수록 동감의 능력도 커지게 될 것이다. 공공 활동에 참여하는 경우가 그렇다. 공공 활동은 익숙한 사적인 관계를 넘어서 낯선 상황이나 새로운 사람들과 만날 수 있는 기회를 제공해준다. 이런 기회를 통하여 더 다양한 사람들의 상황과 입장을 이해할 수 있게 되는 것이다. 봉사활동에 참여 경험이 그 좋은 예라고 할 수 있겠다.

이처럼 개인적 차원 뿐 아니라, 사회 구조나 제도도 동감 능력 향상에 기여할 수 있다. 한 사회의 바람직한 법과 제도는 동감 능력을 비교적 우리와 먼 거리에 있는 사람들에게까지 적용하도록 하는데 기여할 수 있다. 보기를 들어, 미국의 '장애우 교육 조례'는 다운증후군 아이들이 일반 교실에서 교육받을 수 있는 권리를 허용함으로써, 이들이 더 이상 편견에 의해 혐오스러운 왕따로 취급되는 일이 없어지게 만들었다고 한다. 다운증후군 아이들에 대한 이러한 동감은 자발적인 것이 아니라, 사회적, 법적 구조에 의하여 형성된 것이라 할 수 있다. '회복적 사법'의 사례도 그렇다. 이것은 수감된 흉악범과 희생자가 한 자리에 얼굴을 맞대고 범죄에 대한 느낌을 서로 이야기 하는 기회를 갖게 하는 것이다. 희생자가 겪었던 끔찍한 경험의 고통과 비통함을 직접 가해자가 들으면서, 동감을 하고 죄의식을 느끼며 용서를 구하도록 하는 것이다. 이런 제도는 그 제도 속에서 살아가는 사람들의 동감 능력을 향상시킬 수 있을 것이다.

현대 사회에서 낯선 타자나 이질적인 이방인들과의 만남은 이제 일상이 되었다. 차이와 다양성의 증대는 돌이킬 수 없는 추세이기도 하고, 동시에 바람직한 현상이기도 한다. 차이가 낳는 긴장이 바람직한 사회를 만드는 데 자극이 될 수 있기 때문이다. 이런 상황에서 중요한 사회적 과제는 서로 간의 다름과 차이를 존중하면서도, 서로 협력하며 연대하는 방안을 모색하는 일이라고 할 수 있다. 여기에서는 '동감'이라는 개념을 통하여 그 가능성과 한계를 함께 살펴보았다. 하지만 아무리 좋은 것이라고 할지라도, 그것을 실천하지 않는다면 아무 소용도 없을 것이다. 동감도 마찬가지이다. 가정과 학교, 문화와 제도, 법과 정책 등 다양한 분야에서 동감 능력을 향상시키고 실현할 수 있는 방안을 모색해야 할 것이다. 그것이 현대사회의 과제를 해결하는 방안이며, 좀 더 높은 수준의 삶을 향유하는 길이라고 생각하기 때문이다.

〈참고문헌〉

마사 누스바움, 『시적 정의』, 박용준 옮김, 궁리, 2014.
제레미 리프킨, 『공감의 시대』, 이경남 옮김, 민음사, 2011.
아담 스미스, 『도덕감정론』, 박세일 · 민경국 옮김, 비봉출판사, 2010.
폴 에일릭 · 로버트 온스타인, 『공감의 진화』, 고기탁 옮김, 에이도스, 2012.
데이비드 호우, 『공감의 힘』, 이진경 옮김, 지식의 숲, 2013.

02 인생의 마지막 장에 대한 탐구

박승현

젊은이들에게 노년의 이야기를 들려주는 카토는 서투른 배우처럼 마지막 장에서 쓰러지지 않는 이야말로 '인생'이란 연극에서 제역을 성공적으로 해낸 사람이라고 얘기한다.

그러나 찬양받는 노년은 오히려 드물다. 소포클레스의 비극에서부터 현대소설까지, 노년은 '불행 중의 불행이 모두 따라붙는', '가차없는 전투'의 시간으로 그려지곤 했다. 노인이 되어서야 비로소 '노인으로 사는 것'이 어떤 것인지 알게 되기에, 노년의 삶에 무지한 사람들이 주축이 되어 움직이는 세상에서 노인의 요구는 무시되기 쉽다. 그러나 인간은 노화를 겪고, 죽을 운명을 타고 났다. 그렇기에 늙는 것, 죽는 것은 우리의 가장 중요한 주제이다.

'별다른 사건 없이 사는 인생도 있지만 여기저기 들르며 가는 인생도 있습니다'라는 시바타 도요의 시에 담긴 인생은 많은 사람들에게 용기를 주었다. 시바타 도요는 92세에 처음 시를 쓰기 시작해서 자신의 장례비용으로 모아 둔 돈으로 시집을 냈다. 필자가 일본에서 만난 리나 씨는 아침에 눈을 뜨면 "오늘도 눈을 떴으니 하루를 잘 보내자."라면서 하루를 시작한다고 했다. 노년의 날들 역시 '남은 날들'이 아니라 새로운 하루하루였다.

'죽으면 다 그만이다'라고 흔히 말하지만, 이웃의 죽음을 경험하고, 자신의 죽음을 염려하는 사람은 "마지막은 혼자 매듭을 지을 수 없다."라고 얘기한다. 이는 인생은 마지막 장까지 인간은 타인과의 관계 속에 있으며, 그 관계 속에서 비로소 자기 삶의 명배우로 인생을 마무리할 수 있음에 대한 성찰일 것이다.

1. '마음대로 되지는 않는 일'

키케로의 『노년에 관하여』는 활기 넘치는 84세의 노인 카토가 젊은이들에게 들려주는 노년에 관한 이야기이다. 카토는 노년을 인생이라는 드라마의 '마지막 장'으로 묘사한다. 카토는 나무의 열매와 대지의 곡식이 잘 익은 뒤에 꼭지가 떨어지려고 하는 것과 마찬가지로 어떤 훌륭한 연극이라도 종결이 있고, 현명한 사람은 그것을 담담하게 받아들여야 한다는 얘기로 대화를 시작한다. 서투른 배우처럼 마지막 장에서 쓰러지지는 않는 이야말로 인생이란 연극에서 제 역을 성공적으로 해낸 사람이라는 것이다. 포도주가 오래 되었다고 시들지 않듯이, 그윽한 마무리로 박수를 받는 노년을 찬양한 것이다.

김형석 교수의 『백세를 살아보니』는 백세를 살아보니 퇴직 후의 70대가 마음도 편하고 생활도 여유롭고 덕분에 하고 싶었던 것들을 할 수 있는 인생 최고의 시기였다는 얘기를 담고 있어, 동시대를 살아가는 퇴직자들에게 위로와 용기를 주었다.

이 책의 한 구절에서는 예전의 한 여론조사가 소개된다. '오래 살고 싶으냐'라고 물었더니 모두가 '그렇다'라고 대답했는데, 다시 '90세가 넘도록 살고 싶은가'를 물으니 18%만 그렇다고 대답했다는 것이다. 저자는 이러한 여론조사의 결과가 뜻밖이라고 하면서, 가족이나 가까운 지인들 가운데 90세가 넘은 이들의 삶을 본 사람들은 오래 살고 싶기는 하지만 한편 걱정스러웠던 것이리라 짐작한다. 90살이 넘으면 신체적 건강과 정신적 건강을 균형 있게 유지하기가 어렵기 때문이다.

그래서 작가는 '마음대로 되지는 않아도'라는 제목을 붙여, 그렇다면 얼마나 오래 사는 것이 바람직할까를 묻는다. 그리고 나 자신이 행복하게, 그리고 이웃 사람들에게 작은 도움이라도 줄 수 있을 때까지 살 수 있다면 그것으로 감사해야 할 것 같다고 덧붙인다. 그러나 이는 노작가가 덧붙인 제목처럼 '마음대로 되지는 않는 일'일 것이다. 다시 한 번 키케로의 글로 눈을 돌려보면, 키케로가 찬양한 노년은 교양있고 건강하고 존경받는 노년이며, 고상한 철학을 삶의 본보기로 삼는 노년이다. 인생의 마지막까지 쓰러지지 않기 위해서는 이다지도 많은 것을 갖추어야 하는가 싶을 정도이다.

여기 마지막에 쓰러지는 이가 있다. 미국 작가 필립로스의 『에브리맨』의 이야기는 은퇴자마을 스타피쉬비치에서 주인공의 그림교실에서 그림을 배우던 노인들과 그의 가족들이 주인공의 장례식에 참석하는 것으로 시작된다. 『에브리맨』은 광고회사에서 잘나가던, 바람둥이로도 명성이 높아 세 번의 이혼을 겪었던 남자가 나이가 들어 건강을 잃으면서 겪는 이야기이다. 그는 심장병으로 다섯 번의 이식수술 후 심장 중심을 따라 아래쪽으로 길게 난 상처, 그리고 사타구니에서 오른쪽 발목까지 길게 뻗은 또 다른 상처를 지니게 되었고, 수술과 입원을 거듭하면서 외롭고 자신감 없는 사람으로 변했다.

그는 유복한 은퇴자들의 마을로 집을 옮긴 후에, 이웃 사람들과 시간을 보내기 위한 방편으로 그림교실을 연다. 이 모임은 매우 명랑한 분위기였음에도, 대화는 어김없이 병과 건강문제, 의학정보 교환으로 흘러갔다. 병은 그 사람의 이력서와 같은 것이 되었다. '당은 어떤가요?', '혈압은 어때요?', '의사는 뭐래요?', '간으로 퍼졌다는군요' 그들은 모두 기억력이 나빠지고 있다고 불평을 했다. 암 치료를 받고 있는 멤버도 있었고, 병원에 가야해서 수업 중간에 자리를 뜨는 멤버도 있었다.

남편을 암으로 먼저 보내고 자신은 척추의 통증을 겪고 있는 여성은 '통증은 사람을 정말 외롭게 만드네요. 정말 창피해요. 자신을 돌볼 수 없다는 거, 궁상맞게 위로를 받아야 한다는 거… 의존, 무력감, 고립, 두려움… 그게 다 무섭고 창피해요. 통증이 있으면 자신을 겁내게 되요. 그 완전한 이질감이 정말 끔찍해요.' 라고 털어놓고 어느 날 수면제를 잔뜩 먹고 자살했다.

주인공은 칠십 대인데도 건강을 유지하는 그의 형 하위를 질투했고, 하위에게 격분하곤 했다. 시간이 지나면서 형과의 전화 통화 시간은 짧아지고, 간격도 벌어지고, 곧 거의 이야기를 나누지 않게 되었다. 그는 건강한 형을 견딜 수가 없었고, 형의 건강 때문에 자신이 건강을 망쳤다고 믿는 지경에 이르렀다.

바람둥이였던 주인공에게는 그의 과오로 인해 깨어진 가족의 파편들만이 남아있다. 마음에 드는 여성에게 만나고 싶다며 연락처를 건네지만, 친절하게 거절당한다. 필립 로스는 '노년은 전투에요. 가차 없는 전투죠.

하필이면 가장 약하고, 예전처럼 투지를 불태우는 게 가장 어려울 때 말이에요'라고 노년을 그린다.

2. '불행 중의 불행이 모두 따라붙는 노년'

사람들은 죽어보지 않고 죽음을 두려워하듯 늙기 전부터 늙음을 두려워한다. 동시에 누구나에게 반드시 닥칠 일이지만, 자기 일이 되기 전까지는 줄곧 남의 일처럼 여긴다. 1970년에 『노년』을 쓴 보부아르는 '젊은이들에게 물으면 자기 인생을 60세로 제한하곤 한다'라고 얘기하면서, 젊은 사람들은 자기는 절대 늙지 않을 것처럼 생각하고 행동한다고 지적한다. 보부아르가 『노년』을 쓴 것은 50여 년 전이지만, '너무 오래 살고 싶지 않다'라는 태도는 지금의 젊은이들에게도 공통적이다.

노인의 지위는 산업화와 함께 하락했다고들 얘기한다. 노인의 수가 늘어나고, 이들은 무시할 수 없는 사회집단을 이루었지만, 현대사회에서 은퇴나 연금수령, 무료교통비 등은 그를 노인으로 낙인찍고, 노인의 지위로 물러서게 한다. 복지의 혜택들은 반가운 동시에, 그에 상응하는 서글픔을 안긴다. 우리가 흔히 접하는 많은 뉴스들에서 고령사회는 언제나 '문제'로 여겨지고, 고령자는 사회의 '짐'처럼 이야기되곤 한다.

노인이 따라야 할 노인다움에 대한 사회적인 규제도 강하게 존재한다. 그래서 젊은이의 사랑은 모든 예술 장르의 가장 흔한 테마이지만, 노부부의 사랑을 그린 〈죽어도 좋아〉는 '노인'의 사랑을 다루었기에 논란이 되었다. 박범신의 소설 『은교』는 영화 〈은교〉로도 그려졌는데, 젊은 제자를 질투하는 늙은 소설가 이적요의 마지막은 쓰라리다. 이적요는 '늙는 것은 용서할 수 없는 '범죄'가 아니다. 노인은 '기형'이 아니다. 젊은 너희가 가진 아름다움이 자연이듯이, 너희의 젊음이 너희의 노력에 의해 얻어진 것이 아닌 것처럼, 노인의 주름도 노인의 과오에 의해 얻어진 것이 아니다'라고 외친다.

그러나 이 쓰라린 절규는 현대의 '노년'에 국한된 것이 아니다. 고대 서사시에서도 노년에 대한 평가는 가혹하다. 호메로스 『오디세이아』에서 칼립소가 오디세우스를 붙들려 할 때 그녀가 오이디푸스에게 약속한 최상의 것은 노화를 모르는 영원히 젊음을 유지하게 해준다는 것이었다. 오이디푸스가 생의 말년에 소포클레스의 고향인 콜로노스의 신성한 숲에 이르렀을 때 콜로노스 노인의 합창대는 노년의 불행을 노래한다.

> 태어나지 않는 것이 더할 나위 없이 좋은 일이지만, 일단 태어났으면 되도록 빨리 왔던 곳으로 가는 것이 그 다음으로 좋은 일이라오. 경박하고 어리석은 청춘이 지나고 나면 누가 고생으로부터 자유로우며, 누가 노고에게 벗어날 수 있단 말이오? 시기, 파쟁, 불화, 전투와 살인, 그리고 마지막으로 비난받는 노년이 그 몫으로 덧붙여지지요. 힘없고, 비사교적이고, 친구없고, 불행 중의 불행들이 빠짐없이 모두 동거하는.[1]

보부아르는 〈콜로노스의 오이디푸스〉를 제외하고, 노인을 그 자체로 주인공으로 등장시킨 유일한 작품으로 17세기 세익스피어의 〈리어왕〉이라고 꼽는다. 리어왕은 일찌감치 딸들에게 유산을 물려주고 이들과 더불어 살려고 했으나, 나라를 나누어주자마자 딸들에게 박대와 멸시를 당한다. 단 한 명, 진실한 딸 코딜리어가 있었지만, 리어왕은 코딜리어의 진심을 알아보지 못하고 일찌감치 내쳤다. 리어왕은 '똑똑해지기 전에 늙어버린' 어리석은 노인이며, 젊은이에게는 딛고 일어설 수 있는 과오가 노인에게는 돌이킬 수 없는 것이 되어 리어왕의 운명은 비극으로 치닫는다.

일본에 고령자 시설에 대한 조사를 한 경험이 있었는데 당시 시설의 스텝들이 노인들을 대할 때 마치 어린아이를 대하듯 하는 모습에 충격을 받은 적이 있다. 이는 친근감의 표현이기도 했지만, 그럼에도 성인 간의 일상적인 상호작용과는 다른 것이었다. 고령자 시설에서 음식을 낼 때는 뜨겁지 않게 했다. 화상의 위험이 있기 때문이다. 질식을 우려해서 간식으로 떡을 피하기도 했다. 차를 내 놓을 때에 뜨겁지 않도록 차 주전자에 찬물을 섞었다. 이렇게 어린이를 배려하듯 고령자를 배려하는 태도가 노인을 화나게 할 때도 있었다. 미지근하니까 다른 차를 달라고 요구했던 한 노인이 떠오른다.

노인에게 '불행 중의 불행이 모두 따라붙는' 중요한 이유는, 동시대를 살아가는 많은 사람들이 아직 노인이 되지 않아, 노인이 되지 않을 것처럼 자신만만하고, 노인이 되어야만 비로소 '노인으로 사는 것'이 어떤 것인지 알게 되기 때문일 것이다. 지하철의 오르는 계단보다 내려가는 계단이 더 힘들 수 있다는 것을 나이가 들어서야 알게 되는 것이다. 그러나 이 모두가 나이를 들어야 알게 되는 일이기에, 노인의 요구는 주류사회에서 무시되기 쉽다.

3. '여기저기 들르며 가는 인생'

  일본의 시인 시바타 도요는 92세에 처음 시를 쓰기 시작했다. 그리고 2009년 10월에 자신의 장례비용으로 모아 둔 돈을 써서 첫 시집 『약해지지 마』를 출판했다. 글을 쓰는 아들의 권유로 소박한 시집을 출판한 것이다. 그런데 그녀의 시들이 사람들의 마음을 끌었고, 2010년에 대형 출판사를 통해 다시 출판되어 일본에서 대단한 인기를 끌었다. 그 시집은 대만, 네덜란드, 이탈리아, 독일, 중국, 영국 등에서 발간되었고, 한국에서도 〈약해지지 마〉라는 제목으로 소개되어 사랑을 받았다.

  시바타 도요는 독자들의 격려 속에서 2011년 6월에 자신의 100세 생일을 기념하는 두 번째 시집 『100세』를 펴냈다. 그녀는 '별다른 사건 없이 사는 인생도 있지만 여기저기 들르며 가는 인생도 있습니다. 내 경우는 후자입니다. 항상 걱정거리만 가득했고 부침이 심했습니다. '나는 왜 태어났을까?'라고 생각한 적이 몇 번이나 있었습니다'라고 얘기한다. 그녀의 시에는 더부살이를 하던 어린 시절의 슬픔이 담겨있고, 첫 번째 결혼의 실패, 어려운 생활, 그런 중에 남편을 만난 기쁜 날과 또 아들을 가진 날의 행복이 담겨 있다. 그 해 3월 동일본 대지진 피해자들에 대한 안타까움을 적은 시들도 있다. 동일본대지진으로 가족과 터전을 잃은 이들에게 시바타 도요가 보내는 격려는 인생의 부침 속에서 살아 온 100세의 시바타 도요가 건네는 말이기 때문에 더 진실하게 울린다.

〈재해지역의 당신에게〉

시바타 도요

사랑하는 사람을 잃고
소중한 것을 흘려보낸
당신의 슬픔은
이루 헤아릴 수 없습니다

하지만 살아 있으면
반드시 좋은 일이 있습니다

부탁입니다
당신의 마음만은
흘려보내지 마세요

불행이라는 파도에
지지마세요   – 시집 『100세』 중에서

　나는 시바타 도요의 시를 읽었을 때 일본의 고령자 데이홈에서 알게
된 리나 씨를 떠올렸다. 내가 리나 씨를 처음 만난 것은 2008년이고, 그녀
는 89세였다. 필자는 '고령자만 남았다'라고 하는 일본의 공공단지에 대한
조사를 하는 중에 일본의 고령자 시설에 대한 글을 쓰기 위해서 자원봉사
자 입장으로 데이홈을 이용하는 노인들과 함께 시간을 보냈다. 데이홈은
누군가의 도움이 없이도 생활을 할 수 있지만 건강에 염려가 있거나 혼자

지내는 이유로 고립되기 쉬운 고령자들이 이용하는 시설이다.

데이홈에서 그녀는 조금 특이한 인물이기도 했다. 삼삼오오 모여 있는 자유시간에 그녀는 누구와도 얘기하지 않고 혼자 자리에 앉아 무엇인가를 읽곤 했다. 자기세계 속에서 살고 있는 듯 했던 리나 씨였지만, 알고 보니 그녀의 취미는 일본의 여러 섬을 여행하는 것이었다. 혼자 앉아서 들여다 보던 책자들은 여행안내서이나 여행상품의 설명서였다.

리나 씨의 삶은 얼핏 '외로운 독거노인'의 전형으로 보이기도 했다. 남편과 외동딸이 먼저 세상을 떠났고, 본인은 두 차례의 위암 수술을 받아 매우 야위었고, 가까운 가족이나 친하게 지내는 이웃도 없어 보였다. 그녀가 누군가와 이야기를 하는 시간은 자택으로 안마사가 방문하는 평일 오전의 10분 정도, 그리고 일주일에 두 번 데이홈에서 보내는 시간이었다. 그러나 그녀의 일상은 내 머릿속에 있던 외톨이 노인의 모습이 아니었다. 리나 씨는 독창에는 자신이 없다고 하면서, 꽤 오래 전부터 합창 모임의 멤버였다고 얘기했다. 이케부크로의 선샤인시티로 합창모임의 송년회에 간다고 들뜬 모습이 무척 신선했다.[2]

리나 씨는 위암 수술을 받았기 때문에 먹으면 안 되는 것이 참으로 많았다. 매운 것도 안 되고, 짠 것도 안 되고, 카페인도 안 되고, 면도 안 되었다. 내가 무심코 선물한 김도 그녀가 먹으면 안 되는 것 중의 하나였다. 식사양도 아주 적었다. 리나 씨도 가끔 밖에서 특별한 음식을 사 먹고 싶기도 하지만, 남의 눈이 불편하기도 하여 외식을 하지 않는다고 했다. 가끔은 맛있는 음식을 배달시켜서 먹고 싶기도 하지만 1인분을 주문하는 것은 좀 미안해서 그렇게 하지 않는다고 했다.

리나 씨와 함께 '노인들의 하라주쿠'라 불리는 스가모에 같이 간 적이 있었다. 그녀는 언젠가 다시 입원을 하게 될지 모르니 깨끗한 것이 있어야 한다며 잠옷 두 벌을 샀다. 혼자서 위암수술을 받고, 또 항암치료를 하는 그 시간을 어떻게 보냈을까. 따뜻한 차 한 잔을 마시고 돌아오는 버스를 탔는데, 실버카드를 찾지 못해서 지갑을 뒤적이자, 버스기사는 괜찮다고 그냥 올라가시라고 했다. 실버카드 없이도 그 모습은 틀림없는 '실버'였다. 2013년에 리나씨는 이제 보호자가 없이는 여행상품을 이용할 수 없다는 여행사 쪽의 설명을 듣고 매우 실망했다. 이전부터 걸음이 느리고 먹을 수 없는 음식이 많아 일행에 미안하기도 해서 언제까지 섬 여행을 계속할 수 있을지 모르겠다고 하던 터였다.

2015년에는 2년 만에 리나 씨를 만났다. 리나 씨는 그 사이에 림프암으로 전이가 되어 암수술을 하고 퇴원을 했다고 했다. 이전보다 훨씬 야위어서 깜짝 놀랐다. "박상이 키가 이렇게 큰 줄 몰랐다. 아, 그게 아니고 내가 작아져서 그렇구나."하고 농담을 했다. 얼마 드시지 못하지만, 밖에서 같이 밥을 먹고 차를 마셨다. 2017년, 다시 2년이 지나 리나 씨를 만났을 때, 그녀는 보잘것없는 자신에게 연락을 해주어서 고맙다고 얘기했다. 이번에도 "박상이 이렇게 키가 큰 줄 몰랐다. 그게 아니라 내가 작아진 거지?"라는 농담을 즐거운 듯이 했다. 그 동안 림프암은 조용해졌다고 얘기했다. 하지만 등은 더 굽어 이제는 지팡이를 반드시 가지고 다녀야 하는 노파가 되었다.

혼자 이불을 널어 말리는 것이 어려워져서 한 달에 한 번 이불 4개를 말리는 서비스를 받는데, 오전에 가져가서 저녁에 가져오는 것이 851엔이라고 했다. 생활을 유지하기 위해 남의 힘을 빌어야 하게 되어 이런저런 비용이 많이 들게 되었다. 들고 올 수 있는 만큼 장을 보고, 또 다음에

있을지도 모르는 입원을 준비하는 그녀의 모습은 아슬아슬하지만 강인한
모습이었습니다.

〈아들에게 II〉

시바타 도요

엄마가
혹시라도 노망들까
걱정하지 마
오늘은 일요일이지?
너는 켄이치
상냥하고 성급한
내 하나뿐인 아들

아직까지는
기억한단다

자, 가 봐 어서
넌 네 할 일을
하렴

– 시집 『약해지지 마』 중에서

이 시는 어머니가 괜찮은지 노심초사하는 아들과 나는 괜찮다고 안심시
키며 네 할 일을 하라고 웃어주는 어머니 시바타 도요의 모습이다.

리나 씨가 10년 이상 이용했던 데이홈은 일본개호보험제도의 시스템

속에서 생활지원이나 돌봄의 지원이 필요하다는 판정을 받지 않은, '자립할 수 있는 있는' 고령자가 이용하는 시설이었다. 그렇기 때문에 암수술 이후 '요지원' 인정을 받은 리나 씨는 '개호보험제도'의 규정상 더 이상 데이홈을 이용할 수 없게 되었다. 리나 씨는 이제는 '데이홈'이 아니라 '데이서비스'를 이용하게 된 것이다. 약해진 리나 씨가 낯선 시설로 옮겨간 것이 안타까워서 데이서비스의 사람들과는 잘 지내는지를 물었다. 리나 씨는 거기에서 만나는 사람들은 대부분 휠체어가 없으면 움직이기 어렵거나, 치매를 앓고 있거나, 식사 도움을 받아야 하는 사람들이어서 친해지기는 어렵다고 얘기했다. 그래도 같이 게임을 하고 가라오케를 하고 함께 간식을 먹는 것이 기쁘기 때문에 월요일을 기다린다고 했다.

4. '나는 잘 살고 있습니다'

나는 리나 씨는 무얼하면서 하루를 보내는지 궁금했다. 그 질문에 리나 씨는 어떤 날은 데이서비스를 받고, 어떤 날은 병원에 가고, 어떤 날은 종일 집에 있노라고 얘기했다. 그러면 병원 다녀와서는 어떻게 시간을 보내는지 다시 묻고 싶어진다. 집에 와서 식사를 준비하고 청소도 하고 목욕도 하고 텔레비전도 본다고 한다. 매일매일 그게 다인지 다시 묻고 싶은 것을 참고 말을 멈추었다. 나는 리나 씨의 일상이 이런저런 일로 더 바빠야 한다고 생각한 것이다. 그러나 리나 씨는 나보다 오늘 하루를 더 소중하게 여기는 것 같았다. 그녀는 잠을 잘 때 "내일도 건강히 눈을 뜨게 해주세요."라고 혼자 중얼거린다고 했다. 그리고 아침에 눈을 뜨면 "오늘도 눈을 떴으니 하루를 잘 보내자."라면서 일어난다고 했다. 나는 뭉클한 마음에 말을 멈추게 되었다. 지팡이를 잡고 서 있는 리나 씨의 나날들은 '남은 날들'이 아니라 새로운 하루하루였다.

〈나 II〉

시바타 도요

침대 머리맡에
항상 놓아두는 것
작은 라디오, 약봉지
시를 쓰기 위한
노트와 연필
벽에는 달력
날짜 아래
찾아와 주는
도우미의
이름과 시간
빨간 동그라미는
아들 내외가 오는 날입니다
혼자 산 지 열여덟 해
나는 잘 살고 있습니다
　　　　　　　　　　　　　　　　　　　　　– 시집 『약해지지 마』 중에서

리나 씨는 많은 사람들이 도와줘서 지금까지 살 수 있었노라고 얘기했다. 한 달간 병원에 입원을 했을 때, 그녀는 의사에게 "이제 그만 살아도 될 것 같다"고 말했다고 한다. 그리고 의사로부터 그런 말씀을 하면 안 된다고, 같이 힘내자는 말을 듣고 힘을 냈다고 했다. 곤란할 때 간호사들이 도와주어 가족 없이도 무사히 입원생활을 했다고 했다.

지금은 목걸이를 하고 있는데, 버튼을 누르면 긴급지원센터와 통화를 할 수 있기 때문에 안심하고 있다고 했다. 혼자 살고 있기 때문에 가끔 그 쪽에서 전화를 주기도 한다고 했다. 그녀가 병원에 가고 있으면 때로 누군가가 다가와서 괜찮으시냐고 묻고, 자기가 가는 길도 아닌데 병원까지 바라다 주거나 개찰구 방향을 알려주는 등의 도움을 준다고 했다. 몇 번이나 그런 일이 있었기 때문에 작은 뜨개인형을 준비해서 다닌다고 했다. 감사의 표시로 건네고 싶어서 말이다.

리나 씨를 만나고 호텔로 가는 길에, 플랫폼에서 열차를 기다리는데 이런 방송이 흘러나왔다. "곤란에 처한 사람이 보이면 괜찮으십니까? 하고 말을 걸어 주세요"라고. 호텔에 돌아와 텔레비전을 켜니 규슈지역의 수해 소식을 전하는 방송이 나오고 있었다. 비가 내리는 중에 수해를 입은 사람들을 구조하는 영상이 흘렀다. 그 전에 일본에 왔을 때는 구마모토 지진으로 혼란스러운 상황이었다. 구마모토가 고향이었던 친구는 다행히 자기집은 피해가 없지만 주변에 피해가 너무나 크다고 상심했다.

3.11 동일본 대지진 때를 떠올리면서 리나 씨는 엘리베이터가 멈춘 상황에서 꼼짝도 할 수 없게 되어 대피소가 있다고 해도 걸어갈 수가 없었던 상황을 떠올렸다. 그 때 이웃사람이 와서 괜찮은지 물어봐 준 것이 정말 고마웠다고 얘기했다. 초고령사회 일본은 서로 안부를 묻는 사회가 된 것 같다. 그리고 누군가가 안부를 물어주는 덕분에 안심할 수 있는 사회가 된 것 같다.

5. '쭉 친구로 지내고 싶다'

　내가 조사했던 단지에서 무척 인상 깊었던 주민들의 모임이 있다. 지역에서 오랫동안 살았던 여성들이 퇴직 후에 지역에 열린 모임 '호호에미카이'를 만든 것이다. 호호에미카이는 우리말로는 '웃는얼굴 모임' 혹은 '미소회'라고 하면 좋을 것 같다. 호호에미카이의 회장은 "젊다고 해도 다들 70세는 넘었다."라고 스텝과 회원을 소개하면서, 2007년 즈음 본격적으로 지역모임을 시작하게 되었다고 얘기했다.

　40명 가량의 회원이 매달 두 번 지역의 회관에서 모여 함께 체조를 하고, 소리를 내어 함께 소설이나 시를 읽고, 같이 노래를 부르거나 구구단을 외기도 했다. 호호에미카이의 모임에 참여한 날, 옆에는 89세의 할머니가 앉아계셨다. 할머니는 혼자 살기 때문에 하루 종일 말상대가 없고, 여기서 소리를 내어 말을 하는 것만으로도 즐겁다고 했다. "이런 것이 즐거움이라고 보통은 생각하지 못하겠지만, 나처럼 누구와도 말할 상대가 없는 생활을 하는 사람은 안다."라고 얘기해서 무척 기억에 남는다.

　나는 자녀가 성장하고 일에서 퇴직한 지역의 여성들이 이렇게 비슷한 상황에 있는 지역 주민들을 모아서 함께 활동을 꾸려간다는 것이 너무나 놀라웠기 때문에, 몇 번인가 호호에미카이의 스텝들을 만났다. 2017년에 호호에미카이의 멤버들을 다시 만났을 때, 요즘에는 어떻게 모임을 진행하시는지 물으니, 그들은 그들의 활동을 '여전히 변함없이'라고 소개했다. 그리고 일부러 얘기를 들으러 왔는데 별 볼 일 없는 얘기 밖에 해 줄 것이 없다고 미안해했다. 그러나 내가 보기에 호호에미카이는 정말 대단한 모임이었다. 멤버들은 모임이 이제 10년이 되었다고, 10년이 되었기 때문에 뭔가 특별한 것을 해 볼까 생각하고 있는데, 뭘 더 하려면 힘이 드니까 그냥 지나갈까 싶기도 하다며 웃었다. 또 앞으로는 그림동화책을 같이 읽어보는 것이 어떨까 하고 스텝들이 함께 책을 고르는 중이라고 했다. 그리고 가을에는 조금 멀리 단풍구경을 가려고 한다고 했다. 오전에 출발하여 무료로 탈 수 있는 실버버스를 타고, 한 바퀴 돌아보고 실버버스로 돌아오는 곳으로 가기 때문에 10년 째 늘 비슷한 곳에 가지만, 함께 외출하는 것으로 다들 좋아한다고 얘기했다. 호호에미카이는 사람들 앞에서 뭔가를 알아맞혀야 하는 등으로 긴장되는 분위기를 만들지 않는 것이 방침이라고 소개했다. 생각만큼 잘하지 못했을 때 당황하거나 부끄러워지는 것은 좋지 않다는 것이었다.

왜 이런 모임을 꾸려가는가를 물었다. 그러자, 이렇게 알게 된 사람들과 쭉 친구로 지내고 싶고, 이렇게 알게 되기까지 시간이 많이 걸렸는데 헤어지고 싶지 않다고 얘기했다. 그 관계란 다섯 명 스텝의 관계이기도 할 것이고, 또 한편으로는 다섯 명을 통해 펼쳐진 호호에미카이 회원들과의 관계이기도 할 것이다. 가까이 살면서 서로 안부를 궁금해 하고, 서로 안부를 물어주는 관계만큼 든든한 것이 또 있을까.[3]

6. 혼자서는 마지막을 매듭지을 수 없다

내가 조사했던 단지의 주민들과 함께 얘기를 나누다보면, 마치 『에브리맨』의 미술교실처럼 반드시 이웃의 누군가가 입원한 이야기나 사망한 이야기를 하게 된다. 올해 여름에도 그랬다. 더운 날씨에 부부가 같이 사망한 채로 발견된 일도 있었다. 혼자 사는 노인의 상황은 정말 안타까울 때가 많다고 얘기하기도 한다. 케어서비스를 위해 도우미가 집에 왔을 때 이미 사망해 있는 경우도 발생한다. 조사를 시작한지 10년이 흘러 나에게 단지를 상세하게 소개해 주었던 커뮤니티의 리더들은 돌아가시거나, 더 이상 대화를 나눌 수 없게 되기도 했다.

아이스크림 회사에 다녔기 때문에, 아이들 운동회 날에는 회사에서 빠져나와 딸의 친구들에게 아이스크림을 나눠주었다고 기쁘게 얘기하던 나카무라 씨는 심장병으로 수술을 받고 퇴원 후 휠체어에서 생활하다가 돌아가셨다. 내가 단지 조사를 시작할 때 여러 주민들을 소개해주고 격려해주던 씩씩했던 다나카 씨는 뇌출혈로 쓰러져 입원하셨다. 일부러 옥상까지 올라가 단지를 조망하게 해주셨던 스즈키 씨는 눈이 안보이고, 귀도 잘 들을 수 없게 되었다.

'죽으면 다 그만이다'라고 흔히 말하지만, 이웃의 죽음을 경험하고, 자신의 죽음을 염려하는 사람은 그렇게 말하지 않았다. 일본의 단지에서 내가 만난 혼자 사는 노인들은 '고독사가 가장 무섭다'라고 얘기했다. 누구든 자신의 삶이 흉하고 초라한 모습으로 끝나기를 원치 않는 것이다. 주민들은 마지막은 혼자 매듭을 지을 수 없다고 얘기하면서, 타인의 존재에 새로운 의미를 부여했다. 삶이 그렇듯 죽음도 타인과의 관계 속에 있으며, 존엄한 죽음은 존엄한 삶을 가능하게 해 주었던 타인과의 관계 속에서 가능한 것이다.

히라야마 료는 자택에서 부모를 간병을 하고 있거나 간병의 경험이 있는 아들 28명과 인터뷰를 엮어 출판했다. 그들의 부모는 대부분 치매를 앓았고, 아들들은 직장에 같이 살거나 혹은 따로 살면서 부모의 간병을 도맡고 있었다. 직장은 '보통 남성'이 다수를 차지하는 곳이기 때문에, 간병하는 아들은 직장에 간병 사실을 밝히지 않는 경우가 많다. 주위로부터의 호기심이나 동정을 받는 것도 반갑지 않고, 자신의 사정으로 동료에게 폐를 끼치고 싶지 않기 때문이다. 간병을 맡은 아들들은 지역사회에서도 '관계'를 가지고 있지 않은 경우가 많다. 그렇기 때문에 간병과 직장 일을 병행하는 이들의 일상은 직장에서나 지역사회에서나 고립되기 쉽다.

그러나 이 때, 치매에 걸린 부모가 평소에 지역사회에서 가지고 있던 관계들이 이들을 지원한다. 부모의 변화를 알아차리는 것도 이웃일 때가 많다. 지역에서 배회하고 있는 치매노인을 발견하고, 지역 사람들이 함께 시간을 보내주기도 하고, 아들의 노고를 이해하고 격려해주기도 한다. 이웃이 지켜보고 있다는 것은 아들이 부모를 대하는 태도에 영향을 주기도 한다. 이런 속에서 아들은 부모의 네트워크를 물려받아 그 관계 속에서 부모돌봄을 해 나갈 수 있게 된다.

로버트 퍼트넘은 『나홀로 볼링』에서 '사회적 자본'이라는 개념을 통해 공동체가 개인의 삶과 사회에 어떠한 마법을 발휘하는가를 얘기한다. 볼링이란 함께 해야 재미있는 게임이다. 팀을 나눠서 겨루기도 하고 내기도 하면서 즐기는 놀이이다. 그런데 '나 홀로 볼링'이라니. 이는 윷놀이를 하고, 고스톱을 치고 카드게임을 하면서 이런저런 얘기를 나누며 이긴 사람 진 사람을 가르는 떠들썩한 시간이 사라지고, 혼자 스마트폰을 들고 게임에 빠져드는 모습과도 일치한다. 이렇게 홀로 보내는 시간동안 잃어버리는 것이 있다.

신뢰를 바탕으로 한 상호관계가 가장 큰 마법을 발휘하는 것은 바로 '건강과 행복'이다. 퍼트넘은 많은 연구 결과들을 종합하여 사회적 자본의 영향을 추적하고, 건강과 행복만큼 사회적 연계성의 중요성이 잘 확립된 분야는 없다고 얘기한다. 사회적 연계성이 우리의 행복을 결정하는 가장 강력한 요소 중의 하나라면, '나 홀로 볼링'은 공중보건에 가해지는 가장 심각한 위협인 것이다.

리나 씨는 이웃에 가까이 지내는 사람이 없다고 얘기했지만, 최근에는 같은 동에 거주하는 아키코 씨에 대한 얘기를 했다. 아키코 씨도 여든이 넘어 입원과 퇴원을 반복하고 있기에 얼핏 보면 서로에게 도움이 되지 않는 것 같지만, 리나 씨는 가까이에 알고 지내는 사람이 있어서 안심이 된다고 얘기한다. 그녀가 맺고 있는 관계들 속에서, 그 속에서의 자립과 의존 사이에서 리나 씨는 인생의 마지막 장에 굳건히 서 있는 것 같았다.

내가 일본의 공공단지에서 만나 노인들의 삶은 칸토가 예찬하는 성공한 노년의 삶과는 거리가 있는 모습일지도 모른다. '마음대로 되지 않는', '여기저기 들르며 가는 인생'에 더 가까울지도 모른다. 그러나 그들의 얼굴을 떠올리면, 모두가 인생이라는 무대의 명배우로 느껴진다.

시바타 도요는 어려운 일과 슬픈 일이 많았지만 눈 깜작할 사이에 99년이 흘러 100세의 결승선을 앞에 두고 있다는 시를 쓴다.

〈100세〉

시바타 도요

나 내년이면
100세가 돼
더부살이, 전쟁, 결혼, 출산, 가난한 생활

괴롭힘을 당하고, 고민하고

괴로운 일, 슬픈 일도

많았지만

하늘은 꿈을 소중히 키우게 했고

꽃은 마음에 부드러움을 품게 했고

바람의 속삭임은 몇 번이나

나를 격려해줬어

눈 깜짝할 사이에 99년

부모도 남편도 친구도

모두 세상을 떠났지

하지만 다음 세상에서 만날 수 있을 거야

나 웃는 얼굴로 만나고 싶어

그리고 여러 가지

이야기를 해주고 싶어

100세의 결승선을

가슴 활짝 펴고 지날 거야   – 시집 『100세』 중에서

시바타 도요는 2013월 1월 20일에 향년 102세로 별세했다. 키케로의 칸토의 말을 빌린다면, 시바타 도요 역시 인생의 마지막 장까지 쓰러지지 않는 명배우였다. 다음 세상에서 먼저 간 가족과 친구들을 만나기를 고대한다는 그녀의 시 덕분에, 그녀의 죽음은 평화로운 삶의 마무리였을 것으로 느껴진다.

〈참고문헌〉

김형석, 『백년을 살아보니』, 덴스토리, 2016.

박승현, 「개호보험시대의 '자립'의 의미」, 『비교문화연구』 21(2), 2015.

_____, 「고독한 죽음과 돌봄의 연대」, 『일본연구』 75, 2018.

세익스피어, 『리어왕』, 신정옥 옮김, 전예원, 1991.

소포클레스, 『소포클레스 비극 전집』, 천병희 옮김, 숲, 2008.

시바타 도요, 『100세』, 채숙향 옮김, 지식여행, 2011.

_____, 『약해지지 마』, 채숙향 옮김, 지식여행, 2010.

키케로, 『노년에 관하여』, 궁리출판, 2002.

필립 로스, 『에브리맨』, 정영목 옮김, 문학동네, 2009.

히라야마 료, 『아들이 부모를 간병한다는 것』, 류순미·송경원 옮김, 어른
　　　의 시간, 2015.

03 종교가 인간 삶에 주는 의미와 가치

이수인

이 글은 의미를 추구하는 인간에게 무의미함과 무질서란 견디기 어려운 삶의 조건으로서 이것을 이겨내는데 종교가 얼마나 중요한 역할을 하는지 짚어보고 있다. 이슬람은 다수의 말레이시아와 인도네시아 여성들에게 안정된 정체성과 소속감을 제공함으로써 그들의 삶을 견실하고 일관성 있게 이어주고 있었다. 또 죽음의 위기나 죽음의 이별과 같은 고통에 의미를 부여함으로써 그것을 이겨내고 고통조차 의미 있는 삶의 한 부분으로 승화시키는 힘을 보여주기도 하였다. 나아가 인간의 죽음과 죽음 이후의 문제와 같은 궁극적 질문에 답하고 세상의 가치를 넘어 더 높은 가치를 위해 헌신하게 하는 힘 역시 그들의 종교로부터 흘러나오고 있었다. 여성인권 활동에 적대적인 환경에서도 신의 뜻을 추구하며 여성인권 활동이 신의 뜻이라 믿으며 어려운 길을 걷는 무슬림 여성들이나, 이역만리 낯선 땅에서 신을 향한 사랑으로 병자와 아이들에게 헌신한 이태석 신부, 연대감 넘치는 아미쉬 공동체 등은 모두 종교가 인간의 삶을 의미 있고 가치 있게 만드는데 얼마나 중요한 역할을 하고 있는지 잘 보여주고 있다. 우리 인간에게 종교가 있음으로 인해, 물질적 이득과 현세의 성공을 뒤로 하고 궁극적 의미와 가치를 쫓으며, 그러한 삶이 의미 있음을 온몸으로 증명하는 이들과 공동체가 존재한다는 점은 부인하기 어려울 것이다.

1. 인간 삶의 불가피한 요소, 종교

인류의 역사가 시작되어 온 이래로 종교는 우리 인간과 함께하여 왔다. 선사시대의 유적이나 고대사회의 유적에서 인류가 종교를 가졌던 흔적은 무수히 발견되며 어느 인종, 어느 민족의 역사와 사회 속에서도 종교는 늘 존재해왔다. 또, 어떤 한 개인이 특정한 종교를 믿느냐 믿지 않느냐 여부와 상관없이 인간사회가 존재하는 곳에서 종교는 늘 인간과 함께였다. 모든 인류가 언어를 가지고 식문화, 의복문화, 주거문화를 발달시켜 왔듯이, 종교는 우리 인간의 한 필수적인 부분으로 존재하여 왔다. 종교가 인간사회와 역사에 이렇게도 보편적으로 존재해 온 것은 그만큼 종교적 현상이 우리 인간 본성과 맞닿아 있기 때문일 것이다.

우리 인간은 탄생의 신비와 죽음의 비밀에 대해 알고자 하나 알지 못한다. 예기치 않게 다가오는 불행과 고통의 원인에 대해 알고 싶어 하나 역시 알지 못한다. 영원함을 알고 영원성을 꿈꾸지만, 그것은 늘 우리 손에서 미끄러진다. 우주에 로켓을 쏘아 달나라를 가고, 다양한 생물종에 대한 유전자 조작이 일반적인 일이 된 오늘날에도 인간은 탄생과 죽음의 비밀을 풀지 못하며 예측 못 한 불운과 고통에 괴로워한다.

물론 21세기를 사는 많은 현대인이 더는 이전과 같은 종교적 믿음을 가지고 살아가지 않는다. 현대의 과학적 세계관은 우리 인간은 자연적인 신체를 가지고 있을 뿐이라고 강변한다. 자연을 관리하듯이 관리 가능한 신체를 주장한다. 이러한 세계관에 따르면 우리 몸이 소멸할 때 우리의 존재는 사라진다. 그러나 이러한 현대과학이 전하는 세계관을 믿는 이들조차 사랑하는 이의 불운 앞에서, 자신의 죽음 앞에서 어느 한순간은 자신도 모르게 무엇인가에 기도하게 될 것이다. 대상이 무엇인가 알지 못해도 그렇게 빌고 염원하며 종교인이 되는 순간을 거부하지 못할 것이다.

아무리 과학이 발달했을지라도 여전히 많은 인류는 질병으로 고통받고 죽어가며, 예기치 않은 재난과 사고를 피할 수 없으며, 자연재해나 대규모 전쟁을 제대로 통제하기 어렵다. 그렇기에 현대사회 역시 여전히 종교를 필요로 하고 있는지 모른다. 미국의 유명 여론조사기관인 퓨리서치센터 (The Pew Research Center)는 '글로벌 종교 경관(The Global Religious Landscape)'에서 전 세계 인구 10명 중 8명이 종교인이라고 발표했다. 6개 대륙 232개국을 대상(2010년 기준)으로 종교에 관한 여러 자료를 조사해 분석한 결과, 69억의 세계 인구 가운데 58억(84%)이 종교가 있음을 확인한 것이다.

이렇게 많은 이들이 종교를 가지고 있다는 것은 그만큼 종교가 인간의 필요를 채우며 인간 삶과 밀접한 관련이 있음을 말해준다. 그렇기에 인간과 인간, 인간과 사회 간의 상호작용과 관계성에 관심을 둔 연구자들에게 종교현상은 중요한 연구주제가 될 수밖에 없다. 이 말은 종교가 무엇인가라는 종교의 본질 문제보다는 종교가 어떤 일을 하는가라는 종교의 기능 문제에 많은 연구자들의 관심이 쏠려 있음을 뜻한다.

종교가 인간 삶과 관련해 수행하는 기능과 역할에 대한 견해는 다양할 뿐만 아니라 학자마다 차이가 존재하지만, 많은 종교 사회학자들이 동의하는 종교의 가장 중요한 기능은 의미의 제공이다.[1] 의미는 인간에게 존재 이유를 부여하고 삶을 방향성 있게 만들어준다. 인간 삶에서 의미는 평범하고 일상적인 경험에 대한 해석부터 비범하고 극한적인 경험의 해석까지를 포괄한다. 일상적 삶에서 의미 부여가 우리 삶을 방향성 있게 하고 풍부하게 해준다면 극한적 상황에서의 의미 부여는 그 상황을 견디고 이겨낼 힘을 주고 우리를 초월자에게로 나아가게 한다.

극한적 상황이란 임박한 자신의 죽음 혹은 사랑하는 이의 죽음, 감내하기 어려운 고통의 순간이 바로 그때일 것이다. 그것은 우리 인간이 어찌해 볼 수 없는 절대적이고 극한적인 상황으로서 인간에게 숙명적인 것이요, 뚫고 나갈 수 없는 벽과 같은 것이다. 야스퍼스는 죽음, 고통, 생존투쟁, 죄가 인간이 처한 한계상황이며, 이 벽에 직면해 인간은 자기의 유한성을 깨닫고 자신에 대해 깊이 반성하면서 비로소 초월자(신) 앞에 서게 된다고 보았다. 이 초월자와의 관계 속에서 그로부터 주어지는 암호, 상징을 해독하는 순간 실존적 인간은 초월자와 하나가 되고 한계상황이 극복된다.

이러한 야스퍼스의 논의를 종교인의 언어로 표현한다면 우리는 한계상황에 직면해 신에게 나아가고 신과의 만남을 통해 내가 처한 문제에 대한 해답을 발견하게 된다. 신으로부터 발원하는 의미가 어찌할 수 없는 극한 상황에 놓인 인간에게 그것을 해석하고 이해할 수 있게 하고, 그것의 포용을 통해 신과 하나가 되게 한다. 이것이 곧 종교적 체험이다.

이 글은 종교가 인간 삶의 어떤 필요를 채우며, 어떤 기능을 담당하는지 살펴본다. 일상적인 삶의 상황에서 한계상황에 이르기까지 다양한 삶의 국면에서 종교가 의미부여를 통해 담당하는 역할과 기능을 구체적 사례를 통해 알아볼 것이다.

이를 위해, 말레이시아와 인도네시아 현지조사를 통해 만났던 무슬림 여성들의 삶과 그들의 종교 이야기를 해보고자 한다. 필자는 2012년 7월 13~28일에 10명의 말레이시아의 무슬림 여성단체 활동가들을 심층 면접하였다. 이 가운데 2명은 국내의 ○○대학교의 아시아 활동가들을 위한 프로그램 참여자들이었다. 국내 심층 면접 후 쿠알라룸푸르를 방문해 7월 23~28일까지 8명의 무슬림 여성단체 활동가들을 심층 인터뷰했다. 이후 2013년 8월 22~31일, 2014년 8월 21~9월 1일, 두 차례에 걸쳐 인도네시아 자바섬의 족자카르타에 현지조사를 다녀왔다. 족자카르타에서는 파따얏이라는 무슬림 여성단체 여성들 10명을 만나 심층 인터뷰하고 그들의 삶과 종교에 대한 이야기를 들었다.[2]

왜 무슬림 여성들을 통해 종교의 의미를 보고자 하는가? 그 이유는 인간 삶에 미치는 종교의 역할과 기능을 가장 잘 드러낼 수 있는 종교가 이슬람이기 때문이다. 대부분의 현대화된 사회에서 종교는 공적 영역을 관장하지 못하고 개인의 사적인 영역을 담당하는 역할로 축소되어 있다. 우리 사회를 생각해보면 분명하다. 우리 사회는 공직자가 공적인 행사에 특정 종교를 기리는 행동을 할 수 없다. 국가의 종교 중립 행위에 어긋나기 때문이다.

그러나 이슬람 사회에서 이슬람은 공적 영역이나 사적 영역 모두를 관장하는 중요한 삶의 원리요 가치로서 기능한다. 이슬람이 정치와 종교의 일치를 추구하기 때문이다. 따라서 이슬람 사회 속의 이슬람이야말로 종교가 인간 삶에 미치는 영향의 전형을 보기에 적합한 사례를 제공해 준다. 이 글에서는 특히 이슬람이 그 신봉자들에게 의미부여를 통해 수행하는 역할과 기능에 초점을 두어 논의를 전개해 보기로 한다.

2. 말레이시아와 인도네시아 무슬림 여성들에 대한 이해[3]

말레이시아와 인도네시아의 이슬람 형태는 다른 지역에서 발견되는 이슬람보다 더 유연하고 복합적인 특성을 갖는 것으로 알려졌다. 말레이시아의 경우, 14세기에 이슬람이 처음 전해 내려오기 이전에 이미 아닷(adat)이라 불리는 말레이 민족 고유의 전통과 관행이 존재했다. 새로이 유입된 이슬람은 아닷과 평화롭게 조우하고, 공존하며 정착했다. 아닷은 양계적인 혈통계승과 상속을 인정하는 체계였으므로 말레이시아의 이슬람은 상당히 관대하고 온화한 종교적 관행을 갖게 되었다.

말레이시아는 16세기 포르투갈의 점령 이후, 네덜란드를 거쳐 19세기 말부터 영국의 지배를 받았다. 영국의 식민정책에 따라 다수의 중국인과 인도인이 유입되면서, 1957년 말레이시아가 독립할 시점에는 다민족 국가가 되었다. 현재 말레이시아는 말레이계 55%, 중국계 28%, 인도계 8%, 기타 소수 종족 9%로 구성되어 있다. 민족에 따라 언어가 달라 말레이민족의 언어인 말레이어가 공식 언어이기는 하지만 공용어로서 영어가 널리 사용된다.

영국의 식민지배 정책은 중국계를 우대하면서 말레이계를 억누르는 것이었으므로 식민지배 동안 중국계가 크게 약진하였다. 독립 이후 세 민족 간에는 경쟁과 갈등이 전개되는데 특히 인구의 다수를 차지하면서도 경제적으로 중국계에 뒤처져 있는 말레이 민족의 불만이 컸다. 독립 이후 말레이계가 정치적 권력을 차지하면서 말레이시아 정부는 민족 간 경제적 불평등 해결과 통합을 이룬다는 명목 하에 말레이인들의 경제적 지위와 소득을 향상시키려는 신경제정책을 시행하였다. 신경제정책의 실행은 말레이인의 경제적 부의 향상이라는 긍정적 결과를 가져오기도 하였으나 말레이인과 비말레이인 사이의 대립과 갈등을 더욱 심화시켰다. 필자가 심층면접한 여성 활동가들은 여성인권과 권리를 위해 활동하는 무슬림들로서 대부분 말레이인이었으나 인도계 무슬림 여성 활동가(1명)와 중국계 무슬림 여성 활동가(1명) 또한 포함되어 있었다.

인도네시아는 17세기 이래로 오랫동안 네덜란드의 식민 지배를 받았으나 다양한 민족과 고립된 수많은 섬들의 존재로 인해 민족주의가 발달하지 못했다. 20세기 초반 수카르노를 중심으로 서로 다른 종교, 민족, 계층, 이념을 넘어 공동의 적인 외세에 대항하여 공동운명체적인 연대감을 호소하는 민족주의운동이 확산되었다. 이를 계기로 우리 의식과 민족에 대한 인식, 국가 언어와 조국에 대한 의식 등이 선언되고 민족주의가 형태를 갖추었다. 나아가 이들 민족주의 세력이 독립의 주도세력이 되고 국가건립의 중심세력이 되었다. 민족주의 세력은 특정 종교나 민족을 내세우기보다는 국민적 통합을 강조하였다. 이에 따라 이슬람이 인구의 다수를 차지하지만, 헌법에서 이슬람 이외에 개신교, 로마 가톨릭, 힌두교, 불교, 유교의 신앙 자유를 보장하게 되었다.

인도네시아의 경우도 말레이시아와 유사하게 이슬람이 전래될 때 토착적 관행과 섞이면서 신비적 경향이 주도적 흐름으로 자리 잡고, 종교적 수행과 혈통 계승을 통해 신비적 능력을 갖춘 것으로 간주되는 종교지도자들이 큰 권위를 가지게 되었다. 따라서 인도네시아의 주류 이슬람은 토착적 종교들 및 다른 종교들과의 관계에서는 혼합주의적이며 포괄적인 특성을 가지면서 종교지도자들의 권위는 절대시 되는 특성을 띠고 있다. 인도네시아 무슬림의 42%가 나흐다뚤 울라마(Nahdlatul Ulama, 이하 엔우)라고 불리는 조직에 동조하는 것으로 알려져 있다. 필자가 심층 면접한 인도네시아 여성 활동가들은 바로 이 주류 이슬람 조직의 젊은 여성을 위한 부서인 파따얏에 속하는 여성들이었다.

앞에서 잠시 언급했듯이 말레이시아와 인도네시아에서 이슬람은 평화적인 전래과정을 거치면서 토착종교들과 자연스럽게 혼합되어 포용적이고 탄력적인 이슬람이 형성되었다. 따라서 중동의 이슬람과 달리 말레이시아와 인도네시아의 이슬람 모두 다른 종교들에 대해 관대하고 포용적인 이슬람문화를 갖고 있다고 볼 수 있다. 그런데 1980년대 이후 지구적 차원에서 진행되는 세계화와 신보수주의의 진전, 종교 근본주의화의 물결 속에 말레이시아나 인도네시아에서도 근본주의적 이슬람이 확산되면서, 엄격한 이슬람규율과 가부장 문화가 강화되고 있다.

세계적 차원의 제도 종교들 가운데 유일신에 기초한 종교들이 가부장적인 특성이 강한 것으로 알려져 있는데 종교적 근본주의화는 주로 유일신을 신봉하는 종교를 중심으로 진행되었다. 특히 오늘날 무슬림 근본주의의 부상과 더불어 무슬림 국가들에서 발생하는 가부장적 특성의 강화와 여성권리의 후퇴는 많은 이들의 주목을 받고 있다. 많은 무슬림 국가에서 근본주의의 강화가 문제시되는 것은 종교근본주의화가 단지 관념적 보수화에 그치는 것이 아니라 샤리아라는 이슬람법체계를 통해 형법이나 민법 조항의 보수화가 발생하면서, 그것이 곧장 여성지위의 하락과 권리후퇴로 이어지기 때문이다. 베일의 의무화나 여성 이동권 제한, 가족관계에서 여성권리의 후퇴, 여성운전의 금지, 여성에 가혹한 형벌규정 등은 직접적으로 여성들의 삶을 제한한다. 말레이시아나 인도네시아에서도 근본주의적 이슬람이 세력을 강화하면서 여성인권과 권익을 위해 활동하는 것은 비

이슬람적인 것으로 규정되며 공격의 대상이 되어 큰 어려움을 겪는다. 사정이 이러함에도 불구하고 이들 무슬림 국가들에서 여성들은 여전히 이슬람의 주요한 신봉자요, 지지자로서 존재한다.

따라서 필자는 말레이시아와 인도네시아 무슬림 여성 활동가들을 만나면서, 무슬림이 다수인 국가에서, 이슬람 신앙을 가지고 어떻게 여성들의 권리를 옹호할 수 있는가? 이슬람이 그들의 삶에서 어떤 의미인가? 라는 질문을 할 수밖에 없었다. 이 질문에 대한 대답을 찾으며, 이들의 활동 속에서 종교가 인간에게 행하는 중요한 역할과 기능의 전형적인 사례를 볼 수 있었다고 생각된다. 다음에서는 이 여성 활동가들의 삶을 통해 종교의 기능과 역할에 대해 가늠해보기로 한다.

3. 정체성과 소속감의 원천인 종교

종교가 인간의 삶에서 수행하는 아주 중요한 기능으로서 빠질 수 없는 것은 개인에게 안정된 자아정체성을 제공하고 소속감을 부여하는 일이다. 종교는 개인에게 자아를 확립하고 성숙하게 하는 정체성 형성의 기능과 함께 비슷한 정체성을 가진 사람들이 공동체를 형성하게 하는 기능을 한다. 성숙한 정체성과 긴밀한 소속감은 개인의 삶에 안정감과 일관성, 방향성을 부여하는 기능을 한다.[4] 먼저 자아정체성의 원천이 되는 종교 역할에 대해 짚어본 후에 종교가 부여하는 집단 소속감의 기능을 살펴보기로 한다.

1) 자아 정체성과 종교

　자아 정체성이란 '나는 누구이다'라는 의식과 감정의 총체를 말한다. 자아 정체성은 타인과의 상호작용을 통해 사회의 가치와 규범, 신념 등을 받아들이고 자신의 지위와 그에 따른 역할을 습득하는 과정에서 자기 자신에 대한 일관성 있는 감각을 갖게 됨으로써 구성된다.[5] 따라서 자아 정체성의 형성에는 사회의 가치와 규범, 신념의 습득이 중요한데 이것은 곧 그 사회가 가진 의미체계의 구성요소들이기도 하다.

　국립국어원의 『표준국어대사전』에 따르면 의미는 '말, 글, 행위, 현상 등이 가지고 있는 뜻'이나 '사물이나 현상의 가치'를 일컫는다. 전자는 모든 표현된 바의 것에 담긴 뜻을 말하고 후자는 사물이나 현상이 인간과의 관계에서 지니는 중요성 혹은 인간의 목표(욕구대상)가(이) 되는 진, 선, 미를 통칭하는 말이다. 사회학적 관점에서 가치는 후자의 맥락과 관련된다. 가치란 옳고 그름에 대한 평가 기준이나 신념, 그리고 행동을 지배하는 중요한 감정의 체계를 말한다.[6] 이러한 관점은 인간이 진·선·미를 욕망할 때 갖게 되는 이성적 판단이나 마음 혹은 감정의 상태를 가치로 규정한 것으로 보인다. 여기에서 가치는 그것에 입각하여 주어진 상황에서 수행할 것으로 기대되는 행위의 지침, 곧 규범과 매우 밀접한 관련을 갖는다. 그러므로 사회학적 시각에서 의미의 중요한 구성요소는 가치와 그에 따른 신념이나 규범이 된다. 결과적으로 자아 정체성의 형성에서 한 개인이 속한 사회나 집단의 의미—가치, 규범, 신념—가 중요하다고 말할 수 있다.

　　나는 말레이 무슬림 여성이에요.… 어린 시절부터 '신'에 대해 들었고 종교학교, 종교 기숙학교, 이슬람 대학을 다녔어요. 이슬람의 가르침이나 가치에 의문을 가진 적이 없었어요.… 알라는 언제나 내 삶의 중심에 있어요(아하바, 말레이시아 2012).

나는 무슬림으로 태어났어요. 그래서 신에 대한 특별한 자각의 순간은 없어요. 나는 말레이 무슬림 전통과 실천 속에서 양육되었어요. 신에 대한 믿음은 내 삶 속에서 언제나 존재해왔어요(아진, 말레이시아 2012).

이들을 비롯해 면접한 대부분의 말레이시아 여성 활동가들이 자신을 말레이이자 무슬림으로 규정했다. 중국계 활동가 1명과 인디언계 활동가 1명만이 자신을 말레이시안 무슬림 여성으로 규정했다. 말레이시아에서 말레이민족은 태어나자마자 자동으로 법률상 무슬림이 된다. 물론 말레이민족 이외의 다른 민족들에게 종교 선택의 자유가 주어지지만, 이들의 경우도 한 번 무슬림으로 개종한 이후에는 자의적으로 다른 종교로 개종할 수 없다. 이런 상황이므로 말레이족은 출생과 동시에 법적으로, 사회적으로 무슬림으로 규정되면서 자신의 의지를 떠나 평생을 무슬림으로 살아야 한다.[7] 그리고 유아기 때부터 가정에서, 모스크나 수라우와 같은 종교기관에서, 학교의 종교교육을 통해 이슬람문화를 배우게 된다. 아하바의 말처럼 무슬림으로 태어나 무슬림의 전통과 실천 속에서 양육되고 신에 대한 믿음을 교육받으며 자연스럽게 무슬림이 되는 것이다. 즉, 태어난 순간부터 말레이 무슬림 여성들의 삶에서 이슬람은 분리 불가능한 삶의 한 부분이 되고 정체성의 한 부분이 된다. 이러한 상황은 인도네시아의 무슬림 여성들 또한 다르지 않았다.

나는 무슬림 여성 활동가예요. 내가 태어난 이후 내 가족의 일차적인 가치는 이슬람이에요. 나는 이슬람 가치가 완전하다고 믿어요. 이슬람 가치는 나의 삶을 안내해 나가요. 나는 이슬람의 가치가 남녀평등이라고 생각해요. 내가 믿는 또 다른 주요 가치는 알라는 전지전능한 분이고 그가 나를 인도하신다는 것이에요.… 나는 무엇보다 여성이기도 해요. 그런데 나는 우리 사회에서 여성과 남성 간의 관계가 불평등하다고 느꼈어요. 그래서 나는 여성을 위한 액티비즘에 관여하고 있어요(히산, 인도네시아 2013).

내 생각에 종교는 경전과 관계되어 있을 뿐만 아니라 전통과도 관계되어 있어요. 특정한 집단에 의해 이해된 경전이 나에게 주어지고 그것이 나에게 힘이 되는 것이죠. 나는 나의 종교에서 벗어날 수 없어요. 종교는 내 사고방식의 일부이고 내 삶이에요. 종교는 내 삶을 위한 힘이죠(아유, 인도네시아 2013).

인도네시아 자바섬의 파따얏 여성들 또한 이슬람이 기본적인 삶의 가치이자 원칙이며, 사고방식의 일부분이고 삶을 위한 힘이라고 말한다. 인도네시아 또한 자국 출생의 모든 국민들에게 종교를 신분증에 등록하도록 요구한다. 다민족 국가인 인도네시아에서 종교적 정체성이 국민 분류에서 핵심기준으로 요구되는 것이다. 더욱이 필자가 만난 파따얏 여성들은 무슬림이 다수인 자바섬의 엔우라는 전통적인 무슬림 공동체에서 태어나고 성장했다. 전통적인 무슬림 마을 공동체의 무슬림으로 태어나 이슬람이 삶과 가치의 일부가 되면서 자연스럽게 이슬람이 자아 정체성의 핵심적인 부분을 차지하는 것이다.

앞의 사례들은 말레이시아나 인도네시아 모두 이슬람이 사고방식의 근간이자 내면의 기본가치로 자리 잡은 것은 가정, 학교, 마을 공동체 속에서의 상호작용을 통해 자연스럽고도 관습적인 과정을 통해 이루어졌음을 보여준다. 달리 표현하자면 공동체적 생활 속에서 자연적, 관습적 과정을 통해 무슬림으로서의 가치와 신념이 습득됨으로써 무슬림 정체성이 자아 정체성의 핵심요소로 내면화 된 것이다.

이러한 연구 참여자들의 자아 정체성 형성과정의 특성은 '자아'의 형성 과정을 설명한 고전 사회학자 미드(Mead)의 논의와 잘 부합된다.[8] 미드는 우리 '자신'이 누구인가 하는 것은 우리의 타고난 속성에서 나오는 것이 아니라 시간을 두고 다른 사람과 상호작용을 하면서 얻어지는 것이라고 하였다. 물론 타인과의 상호작용 과정에서 다른 사람의 견해나 태도가 일방적으로 흡수되는 것은 아니다. 하나의 독자적인 유기체로서 자유의 감정과 주도성을 지닌 주체적 자아(I)의 조정을 통해 타자 및 사회와의 관련 속에서 생각되고 이해된 자아(Me)에 대한 인식이 형성된다. 결과적으로 모든 인간은 자신이 속한 사회의 유의미한 타자와 상호작용하게 되고 그 타자의 관점을 수용할 뿐만 아니라 자기가 속한 공동체의 일반적 규범을 인식하고 수용한다. 동시에 자신의 주체적 욕구와 타자·공동체적 요구 사이의 조정과정을 통해 자아를 구성해 나간다. 바로 이러한 과정이 앞에서 살펴본 무슬림 여성들에게 그대로 적용되고 있었다.

자아 정체성의 구성에서 자기가 속한 공동체의 일반적 규범 혹은 자기가 속한 집단의 일반적 가치가 중요하다는 측면에서 종교가 개인의 정체성 구성에 매우 중요한 역할을 담당한다고 말할 수 있다. 특정 종교가 지배적인 집단에서 태어나고 성장한다면 그 집단 속의 개인에게 종교는 세계를 보는 기본적인 틀이 된다. 종교가 가진 의미체계, 곧 종교적 신념과 가치, 그에 따른 규범이 개인이 가지는 실존적 문제에 대한 해답을 제공할 뿐만 아니라 개인들의 일상적 행위에 지침을 제공해 준다. 이런 관점에서 보면 종교는 개인의 자아 정체성의 형성과 지속, 성숙에서 중요한 요소로 기능한다고 말할 수 있다.

2) 소속감과 안정감의 원천이 되는 종교

필자가 아주 아름답게 기억하는 영화의 장면 가운데 하나는 1985년에 상영되었던 〈위트니스(witness)〉의 한 부분이다. 해리슨 포드와 켈리 맥길리스 주연의 이 영화는 소박하고 진실한 아미쉬 공동체의 삶과 번잡하고 음모가 난무하는 도시의 삶을 대비하여 보여주고 있다. 미국 펜실베니아 주 아미쉬 공동체의 일원인 레이첼이 남편을 잃고 어린 아들, 사무엘과 동생이 사는 볼티모어로 향하던 중 사무엘이 우연히 살인사건의 목격자가 된다. 담당 형사인 존 북(해리슨 포드)은 사무엘을 도와 범인을 찾고자 애쓰다 자신의 상관들이 그 사건의 범인임을 알게 된다. 이 과정에서 도리어 경찰의 추적을 받게 되어 이들은 아미쉬 공동체로 몸을 피한다. 지금도 필자의 눈에 떠오르는 영화 속 장면은 녹색 가득한 아미쉬 마을의 천연한 풍경과 갓 결혼한 젊은 부부의 집을 짓기 위해 마을 사람들이 모두 모여 집을 짓던 장면이다. 온 마을 사람들이 모여 땀 흘리며 하나하나 목재로 집을 지어가며 웃음을 교환하고 함께 모여 식사하던 장면은 아름다운 인간 공동체의 한 전형으로 기억된다. 또 주인공들에게 위험이 닥치고 집 앞의 종이 울리자 수십 명의 마을 사람들이 앞다투어 다급히 몰려오던 장면 역시 잊히지 않는다. 마을 전체가 커다란 하나의 가족 공동체를 이루며, 서로가 서로를 돕고 지키던 공동체의 모습이 지금까지도 눈에 선하다.

한겨레 신문기자인 권복기에 따르면 아미쉬는 보험을 들지 않는다고 한다.[9] 어려움을 당하면 마을 전체가, 가족이 달려와 도와주기 때문에 보험이 필요 없다는 것이다. 노인이나 장애인들을 요양소에 보내는 대신 가족과 마을 공동체가 돌보는 아미쉬 공동체의 삶 자체가 하나의 보험인 셈이다. 이러한 아미쉬들은 정부에 자신들을 사회보장제도에서 제외해 달라고 청원하기도 했다. 또 가난한 이웃들을 돕는 일에 열심을 내어 자신들이 만든 생필품을 아프리카나 가난한 제3세계 국가에 꾸준히 보내고 있기도 하다.

아마도 종교가 주는 중요한 유익 가운데 하나는 아미쉬들이 보여주듯이 공동체적 연대감을 제공해주며 서로를 보살펴 주는 유사가족으로서 안전감을 제공해 주는 일일 것이다. 이러한 종교 공동체의 삶은 필자가 방문한 인도네시아 무슬림 공동체 마을에서도 찾아볼 수 있었다.

> (필자: 살면서 경험한 가장 힘든 일은 무엇이었습니까?), 음~나는 살면서 특별히 힘든 일을 경험해 보지 않았어요. 나는 무슬림 공동체에서 태어나고 자랐고 지금도 그 일원으로 살고 있어요. 무슬림 공동체 마을에서 산다는 것은 내가 병들거나 아플 때 가족성원과 이 공동체 성원이 나를 돌보아 준다는 것을 의미하죠. 나는 내 미래에 대해 걱정하지 않아요. 내가 걱정할 일이 없어요(아유, 인도네시아 2013).

무슬림 공동체 마을에서 자라나고 현재도 그 공동체에 소속되어 사는 아유는 자신은 무슬림 공동체 마을의 일원이므로 자신의 삶에서 크게 걱정할 일이란 없다고 말했다. 아유가 공동체에서 느끼는 안정감은 아미쉬인들이 국가가 제공하는 사회보장의 필요성을 느끼지 못하는 것과 같은 이유일 것이다. 강한 연대감이 살아 있는 공동체 자체가 구성원들의 보호자 역할을 하며 그 성원들에게 단단한 울타리 안에서 보호받고 있다는 안전감을 제공해주는 것이다.

종교공동체에의 소속감이 주는 안전감은 또 다른 사례에서도 볼 수 있다. 필자가 만난 인도네시아 자바섬의 파파얏 여성들은 모두 베일을 쓰고 있었다. 이들에게 베일을 쓰는 이유를 질문했을 때 돌아오는 가장 흔한 대답은 그것이 편안함과 안전감을 준다는 것이었다. 여기에는 물론 어려서부터 사용했기 때문에 자연스럽게 느껴지는 습관의 하나라는 의미가 담겨 있다. 마치 외출 시 신발이 자연스러운 것처럼 베일도 자연스러운 복장의 일부라는 것이다. 물론 여전히 가부장적 특성이 강한 인도네시아 문화에서 베일을 쓰면 신실한 무슬림 여성으로 간주되어 남성들의 시선으로부터 보호받는 느낌을 준다는 대답도 있었다. 그러나 가장 흔하게 등장한 답변 속의 편안함, 안전감은 소속감의 느낌과 관련되어 있었다.

(엔우 멤버 중에 이슬람부흥운동에 가입하는 사람들이 많이 있나요? 그리고 이슬람부흥운동에 참여한다면 엔우 멤버로 남아 있을 수 있나요?) 솔직히 말하면 엔우 공동체 멤버 중에 근본주의 집단으로 이동해 간 사람들이 있어요. 그리 많지는 않지만요. 이 경우 그들의 정체성도 급진적 집단성원으로 변화하죠.··· 그러한 변화는 단지 이데올로기 때문만은 아니고 결혼과 교육 때문이기도 해요.··· 자연스럽게, 심리적으로 그들은 가족과 함께 있을 때 소외되었다고 느낄 거예요. 여전히 자신을 가족의 일부라고

간주하겠지만 심리적으로 소외감을 느끼겠죠.··· 내가 그들(가족성원들)과 다르기 때문이죠. 예컨대 결혼하기 전에는 질밥을 썼는데, 결혼 후에는 CADAR(짜다르: 이마 하단부와 콧등 위의 눈 주변을 제외하고 얼굴을 모두 덮는 질밥 형태의 베일)를 쓰게 되는데요. 그것은 내가 가족과 만날 때 나를 매우 다르게 만들어버리죠(비빈, 인도네시아 2014).

나의 대가족에서 만약 누군가 교육 때문에 그 혹은 그녀가 변화한다면 그는 더 이상 엔우 성원으로 간주되지 않을 거예요. 왜냐하면 그들은 다른 문화와 다른 의례를 행할 것이기 때문이죠. 내 고향에서 그런 사례들이 종종 있어요. 물론 가족으로서 여전히 서로 만나고 안부를 묻기도 하지만 서로 소외감을 느끼고 불편함을 느끼게 되죠. 많은 것들이 서로 달라져 버렸기 때문에··· 생각, 의례, 복장 등에서··· 자기를 보는 시선이 따갑다고 느끼게 될 거예요(준리, 인도네시아 2014).

이 이야기들은 베일이 그것을 착용한 여성들에게 편안함, 친숙함, 동질성의 감각을 부여하고 있음을 드러낸다. 연구 참여자들이 말하는 베일이 주는 편안함과 안전감에는 오래된 습관, 익숙한 문화의 실행이라는 의미도 존재하지만 베일이 엔우라는 집단에 대한 소속의 표식이기 때문에 그 소속감에서 오는 편안함과 안전감이 포함되어 있다. 집단 정체성과 소속감의 표식인 베일을 쓰고 있으면 집단 성원의 하나임이 확증되고, 집단적 동질성과 연대의 감정이 공명하면서 안전감을 느끼게 되는 것이다. 앞의 사례들은 인간은 자신이 속한 사회의 유의미한 타자와 상호작용하고 그 타자의 관점을 수용할 뿐만 아니라 자기가 속한 공동체의 일반적 규범을 인식하고 수용하는 존재임을 보여준다. 이 과정에서 자신의 주체적 욕구와 공동체 규범과의 조정과정을 통해 자아가 구성되며, 집단 소속감이 구성되는 것이다. 개인의 개별적인 특성 차원인 자아 정체성과 집단에 대한 일체감을 의미하는 집단적·사회적 차원이 씨실과 날실로 겹쳐지면서 집단의 일부로 수용되고 존중되는 자아에 대한 감각과 집단에의 귀속감이 형성된다. 집단 소속감은 동질성에서 오는 편안함을 주고, 비판적이고 따가운 시선이 아닌 받아들여지고 보호받는 안전감을 제공한다. 따라서 통합된 종교집단의 성원은 안정된 자아 정체성과 집단 소속감을 가지고, 일관성 있는 일상을 유지하며 성숙한 인격체로 살아갈 수 있게 된다.

4. 종교, 인간 삶에 가치와 의미를 부여하다

1) 삶의 기본 가치와 의미를 부여하는 종교

종교가 인간의 삶에 기본 가치와 의미를 제공하는 대표적 사례를 베버의 캘빈교도에 대한 연구에서 찾아볼 수 있다. 베버의 『프로테스탄트윤리와 자본주의 정신』에 따르면 캘빈교도들의 경우, 구원이 전적으로 신의 주관에 달려 있다는 예정설을 믿기 때문에, 자신의 구원 여부를 알 수 없어 심리적 불안감에 시달렸다. 신의 구원을 희구하지만 현실에서 그 구원의 증표를 찾을 수 없을 때, 캘빈교도들의 삶은 불안과 긴장으로 가득했던 것이다. 이런 불안과 긴장을 해소하기 위해 그들은 소명으로서의 직업에 주목함으로써 세속 활동에서의 성공을 구원의 증표로 삼았다. 직업을 통한 세속적 성공을 위해 근면하게 일하고 검소한 생활을 함으로써 부를 축적하고 또 그것을 재투자함으로써 자본주의를 창출하게 된다.

세속 활동에서의 성공을 추구한 결과, 캘빈교도들은 개인주의의 발달, 반권위주의, 평등, 경쟁과 같은 가치들과 검소, 절약, 절제와 같은 행위 지침들을 만들어냈다. 이것은 당시의 사회세계에서는 주목받지 못했던 새로운 가치들이자 행위 지침이었다. 이 가치들이 캘빈교도 개인들에게는 삶에의 확신과 안정감을 제공하고, 사회적 차원에서는 자본주의적 민주주의라는 새로운 사회체계를 형성하는 토대가 되었다. 이처럼 인간 삶에 기본 가치를 제공하고 새로운 의미를 창출하는 일 또한 종교가 하는 가장 대표적인 기능의 하나이다. 종교의 이러한 역할은 이 글에서 살펴보는 말레이시아와 인도네시아 무슬림 여성들의 삶에서도 뚜렷이 드러난다.

내가 무엇을 하든지 그것이 신을 중심으로 돌아간다는 것이죠. 나는 알라, 그리고 그의 가르침과 연결되어 있어요.… 꾸란은 절대 압제자의 편에 서지 말라고 해요. 무엇인가가 잘못되어 있다면 우리는 무엇인가 해야만 하죠(와링하니, 말레이시아 2012).

종교는 내 인생의 모든 측면에서 나에게 힘을 주어요. 특히 내가 가치를 추구할 때에, 내 인생에 어떤 것이 중요한 가치인지를 찾을 때…. 종교는 내 인생의 최고의 안내자예요. 거룩한 꾸란이 여성 활동을 포함해 내 인생에서 나를 안내해줘요(율리스, 인도네시아 2013).

종교는 나에게 매우 중요해요. 이슬람은 나의 삶의 방식이에요. 이슬람의 가치는 내 액티비즘의 근거이고 내 태도의 근간이 돼요(비빈, 인도네시아 2013).

종교는 나에게 삶의 지침을 주고 좋은 사람이 되는 법을 알려주죠. 내가 문제에 빠지지 않도록 해주고 상식을 사용할 수 있도록 돕고, 이성적 생각으로 다른 사람들과의 관계를 안내하도록 도와줘요(아하바, 말레이시아 2012).

내가 행하는 모든 것이 종교에 기반을 두고 있어요. 예를 들자면 다른 사람들에게 좋은 일을 하는 것, 생각하기에 나쁜 것을 다른 사람들에게 행하지 않는 것, 다른 사람들이 너에게 하기를 원하지 않는 것을 행하지 않는 것, 사람들이 더 좋은 교육을 받도록 도와주어야 하는 것 등의 모든 것들이, 나는 정말로 종교적 가르침에 의존해요(아유, 인도네시아 2013).

이처럼 연구 참여자들은 그들의 삶의 근간이 이슬람이며, 알라가 압제자의 편에 서지 말기를 요청하므로, 무엇인가 좋은 일, 선한 일을 하도록 요구하므로 억압받는 여성문제에 관심을 가지고 고통 받는 여성을 위한 활동에 참여하게 되었다. 또 이슬람이 주는 행위 지침에 따라 선한 일을 행하고, 좋은 일, 타인을 위한 일을 행하고자 노력한다. 물론 이러한 일이 가능하기 위해서는 이슬람 경전을 보수적이며 가부장적으로 해석하지 않고 여성친화적으로 해석할 수 있어야 한다. 이슬람 경전을 친여성적으로 해석함으로써 이들은 민주주의, 여성주의와 양립 가능한 이슬람 가치를 만들어 내고, 보수적 이슬람과 다른 새로운 의미를 이슬람 경전에서 찾아 내고 있다.[10]

이들이 처음부터 이슬람 경전을 친여성적으로 해석할 수 있었던 것은 아니다. 말레이시아 여성 활동가들의 경우, 친여성적인 경전해석으로 나아가기까지 이들이 몸담고 있는 여성운동 조직이나 해외 유학경험 혹은 외국 생활을 통해 대안적 해석에 노출되고 대안적인 종교집단과 연결된 경험이 중요하게 작용했다. 인도네시아 여성 활동가들의 경우는 이들이 몸담고 있는 조직(NU) 내부에서 진보적 무슬림들이 자리 잡고, NU 여성부서가 아시아재단이나 국제노동기구 등과 같은 해외조직들의 원조와 함께 젠더평등 프로그램을 수용하면서 친여성적인 경전해석으로 나아올 수 있었다.[11)

2) 세상의 가치를 넘어 영원의 가치로

종교가 우리에게 주는 기본적인 가치는 삶의 중요한 일이나 일상생활의 지침에 국한되는 것만은 아니다. 보다 더 중요한 것은 종교가 다른 무엇보다 궁극적인 문제에 관심을 둔다는 점이다. 따라서 개인의 궁극적인 질문에 대답하는 것이 종교가 된다. 개인의 궁극적인 질문에는 인간 자신의 삶 가운데 추구하는 의미의 문제는 말할 것도 없이 인생의 영원한 질문들을 포함한다. 우리는 왜 사는가? 어디서 왔는가? 또 어디로 가는가? 죽음은 무엇인가? 죽음은 진정 모든 것의 끝인가? 인간의 존재 의미는 무엇인가? 이러한 질문들이 궁극적 질문에 해당한다. 이러한 궁극적 질문에 대한 추구와 해답 속에서 인간은 그의 생물적 본성을 초월하여 초월자와 대면하며 그와 하나가 된다. 야스퍼스가 말한바, 초월자와의 관계 속에서 그로부터 주어지는 암호, 상징을 해독하는 순간 실존적 인간은 초월자와 하나가 되고 한계상황이 극복되는 것이다. 이것을 종교의 기능적 차원에서 말해보면 개인이나 사회에 궁극적인 의미를 부여하는 것 혹은 최상의 중요성을 부여하는 것으로 표현할 수 있다.

종교의 역할이 인간 삶의 궁극적인 의미에 대해 답을 주는 것이라고 할 때, 떠오르는 것이 있다. 〈울지마 톤즈〉의 이태석 신부의 삶이다. 이태석 신부는 들어가기 어려운 의대를 졸업하고 편안한 삶, 남들이 부러워하는 삶을 살 수 있음에도 불구하고 그것을 내려놓고 미지의 땅, 아프리카 수단에서 가장 어렵고 힘든 이들과 함께하다 선종하신 분이다. 홀로 10남매를 키우신 어머니의 만류에 어렵게 공부시키신 어머니에게 보답하지 못해 마음이 아픈데 자꾸만 하나님께 마음이 끌리는데 어떻게 하냐며 어머니와 함께 울었다는 이태석 신부, 영원한 것에 대한 사모와 기대가 없다면 어떻게 그 아픔을 간직하고 아프리카로 향할 수 있었으랴,… "내 형제중 지극히 작은 자에게 한 것이 곧 내게 한 것이다(마태복음 25장 40절)"라는 예수님의 말씀이 늘 가슴에 남는 아름다운 향기가 되어 그를 아프리카로 이끌었다.

수단에서 한센병 환우들의 아픔을 어루만지며 의술을 베풀고, 그들에게 세상에서 하나뿐인 신발을 만들어 주고, 오랜 내전에 황폐해진 어린이와 청소년들을 위해 밴드를 만들었다. 아이들을 가르치기 위해 직접 여러 악기 다루는 법을 익혀가며, 음악을 가르치고 그 아이들의 친구가 된 이태석 신부의 삶은 많은 이들에게 감동을 주었다. '오늘 우리는 무엇을 위해, 어떻게 살아야 할 것인가?'라는 질문을 던져주며…. 이태석 신부의 삶은 〈울지마 톤즈〉를 통해 많은 이들의 가슴에 영원의 가치를 사모하는 씨앗으로 뿌려졌음을 믿는다. 우리에게 영원한 가치를 향한 그리움에 모든 것을 내려놓고 헌신하게 하는 힘, 그것이 종교가 주는 힘이 아닐까 생각해 본다.

이태석 신부의 삶이 보여주는 것처럼 극적이고 감동적이지는 못하더라도 필자가 만난 무슬림 여성 활동가들의 삶 속에서도 일상의 가치를 넘어 무엇인가 더 크고 가치 있는 아름다움과 의미를 추구하는 모습을 찾아볼 수 있었다.

　　이슬람의 정수와 원칙은 내가 친절하고 (억압받는 자를 위해) 투쟁하도록 이끌어 줍니다. 그러한 시선에서 이슬람을 안다는 것은 나 자신에게 겸손하도록, 진실을 위해 말하도록, 누군가 억압받고 주변화 되어 있다면 '정의'를 위해 큰 소리로 이야기하도록 하는 것이죠.… 나는 여성주의를 정의, 사랑, 연민으로 정의해요(마무나, 말레이시아 2012).

　　나는 여성주의자란… 정의를 위해 싸우고 부정의에 대해 문제를 제기하는 사람이라고 봐요. 여성의 권리문제를 제기하는 것을, 그녀의 내부로부터의 소명으로 느끼는 사람이 여성주의자인 것이죠.… 적절한 무슬림의 일반적인 실천은 꾸란의 정신에 일치하는 정의와 공평에 기초해 인간 존엄성에 우선권을 주는 것이에요. 이슬람이 나로 하여금 정의를 추구하게 하는 힘이죠(라트나, 말레이시아 2012).

　마무나와 라트나는 오랫동안 성 불평등한 이슬람의 해석으로 신앙에 의구심을 가지고 힘든 시기를 겪었다. 그러나 이들은 대안적 해석을 하는 단체들과 교류하고 그 일원이 되면서 이슬람 신앙을 회복하였다. 이들은 이슬람 정신이 자신들로 하여금 정의를 위해 살도록 요구한다고 느끼고 있었다. 무슬림으로서 꾸란의 명령대로 살기를 원하는 그들에게 꾸란이 정의와 공평을 요구한다는 것이다. 그래서 그 요구에 따라 자신들은 정의와 공평을 위해, 인간 존엄과 여성권리를 위해 싸우고 있으며, 이것은 무슬림으로서의 실천이라고 주장하였다. 인도네시아 파따얏 여성들 또한 마찬가지였다.

내 종교의 주요한 가치는 사회적 삶에서도 중요하게 적용되요. 예를 들면 이슬람은 우주 만물에 대해 자비해야 한다고 말하고 평등과 사회정의, 다원주의를 가르쳐요. 나는 그러한 가치들이 꾸란에 쓰여 있다고 믿어요. 예언자의 행동과 태도가 나에게 영감을 주지요.… 나는 우리 사회에서 남녀 사이에 불평등이 존재한다고 느끼고 있어요. 나는 이 불평등이 꾸란의 정신에 어긋난다고 생각하므로 이러한 상황을 변화시키기 위해 노력하고자 생각했어요(에닉, 2013 인도네시아).

종교는 그것을 믿는 자들에게 근본 신념을 제시하며 그에 따라 세속적인 가치를 넘어 무엇인가 더 의미 있는, 변하지 않는 가치를 추구하게 만든다. 종교적 명령에 이끌린 영혼은 세상적인 관점에서 무모하고, 힘들 수밖에 없는 가시밭길을 마다하지 않고 걷는다. 거룩한 열정에 사로잡혀 세속의 가치보다 더 높은 가치, 궁극의 가치를 찾아 모든 열의와 성의를 쏟아낸다. 이 거룩한 열정이 우리 인간을 생물적 본성을 뛰어넘어 한계상황을 극복하고 초월자와 하나가 될 수 있게 하는 동력이 되는 것이다.

5. 고통에의 의미부여와 극복할 힘의 원천인 종교

자연과 세계, 인간에 대한 과학이 발달하기 이전의 고대인들은 무엇을 통해 세계와 인간을 이해할 수 있었을까? 아마도 그들이 이해하기 어려운 천재지변이나 인간의 생로병사, 예기치 못한 불행과 고통을 체계적으로 설명해준 것은 종교였을 것이다. 베버는 인간 삶에서 조우하는 불일치와 긴장은 대개 고통과 악의 문제로 경험된다고 보았다. 예를 들어 악인이 현실에서 흥하고 잘되며, 고통을 당하지 말아야 할 선인이 고통을 당하고, 도덕률을 철저히 지킨 결과 오히려 고통을 당하는 등 이해하기 어려운 문제가 발생한다.[12] 베버에게 중요한 것은 인간은 불의와 고통을 체험하면 반드시 그것의 의미를 찾는다는 점이었다. 왜냐하면, 인간은 무엇보다 자신의 행위에 의미를 부여하는 문화적 존재이기 때문이다. 의미는 인간 삶의 필수적인 한 구성요소로서 사람 간의 상호작용이나 상징사용 능력을 매개로 이루어진다. 삶의 의미를 추구하는 인간의 이해를 넘어서는 사건이나 알 수 없는 고통과 현실의 모순은 우리에게 세계의 무질서, 존재의 무질서로 다가온다. 베버는 여러 종교에서 발달한 상이한 믿음체계는 세계의 무질서, 존재의 무질서를 신의 뜻과 조화시키고자 하는 노력에서 비롯되었다고 본다.

이 글의 연구 참여자들 역시 삶에서 어려움과 고통을 겪었다. 이들은 그 어려움과 고통의 순간을 '신'이 있어서 이겨낼 수 있었다고 고백하였다.

> 2006년에 족자카르타에 지진이 발생했어요. 우리 집이 완전히 붕괴되었었죠. 외할머니와 친할머니 모두 그 지진으로 돌아가셨어요. 나는 기적을 체험했어요. 그때 내 몸이 빌딩의 잔해물로 덮여 있었으니까요. 그러나 나는 여전히 살아 있어요. 신의 은혜로…. 어려움이 있을 때마다 나는 신을 의지했어요. 어려움을 이겨내는데 종교가 많은 영향을 미쳐요. 왜냐하면 나는 발생하는 모든 일이 신의 주권 아래 발생한다고 믿기 때문이죠. 나는 신이 인간이 그의 한계를 넘는 어려움은 허락하지 않는다고 믿어요 (이스티, 인도네시아 2013).

나는 2006년에 발생한 지진의 희생자예요. 내 등뼈가 부러졌어요. 남편은 침실에 있었고 나와 아들이 부엌에 있을 때 지진이 발생했어요. 집이 부서지고 내 등뼈가 부러졌지만 나는 여전히 살아 있어요. 나는 신을 의지할 수밖에 없었어요. 신께 기도하며 정말로 신께서 나를 보호하신다고 느꼈어요. 부상으로 한 달 동안 누워있었지만 신의 보호하심으로 살 수 있었어요. 매우 많은 사람들이 그 지진으로 죽었어요(에닉, 인도네시아, 2013).

파따얏의 일부 활동가들은 인생의 가장 어려운 시련으로 2006년에 겪었던 지진피해를 언급했다. 지진으로 집이 무너지고 잔해물에 깔려 죽을 위기에서 살아남은 경험을 이야기했다. 무너진 건물 더미 속에 깔려 도움의 손길을 기다리면서 의지할 수 있는 이는 오직 신뿐이었다. 누군가는 신이 감당할 만하기에 이 어려움을 주신 것이라 믿음으로써, 혹은 어려움을 이겨낼 힘을 주실 것이라는 믿음으로 시련의 순간들을 이겨냈다. 누군가는 신을 의지하고 신의 보호를 느끼면서 그 어려운 순간을 견뎌냈다. 인생의 어렵고 어두운 시기 종교를 통해 삶의 의미를 찾고 삶의 방향을 찾은 것은 말레이시아 여성 활동가들의 경험에서도 찾아볼 수 있었다.

내가 25살이었을 때 아버지가 돌아가셨어요. 인생에 대한 질문이 시작되었죠. 5개월 후 오빠가 뺑소니 사고로 돌아가셨어요.… 영어로 된 꾸란을 사서 읽기 시작했어요.… 2년 후 나는 자발적으로 히잡을 쓰게 되었어요.… 남편을 설득해 영국으로 이슬람학을 공부하러 갔고 남편이 영국에 직업을 구해 나를 따라왔어요. 거기에서 다양한 이슬람 학파를 접하게 됐어요.… 인생에서 나쁜 것은 없어요. 이 세상에는 언제나 좋은 것과 나쁜 것이 있지요. 인생에서 겪는 모든 것은 하나의 도전이고 시험이자 배움의 기회예요. 무슬림이 된다는 것은 그 시험을 받아들인다는 것이죠. 천국에 갈 기회를 얻는 것이에요. 그러는 한 무슬림에게 나쁜 것은 없어요. 인생의 모든 것이 좋은 것이죠(수마야, 말레이시아 2013).

그것은(경전 재해석의 시작은) 30대 초반에 어둡고 공허하며 험난한 시기를 겪은 이후부터예요. 나는 나 자신의 내면을 깊이 살펴보면서 인생의 행복을 발견하게 되었어요. 처음에 나는 내가 누구인지 어디에 있는지 왜 여기에 있는지 알 수 없어 두려웠어요. 또 어떻게 자비로운 신이 여성에 대해서는 무자비할 수 있는가? 내 양심과 믿음은 그러한 것이 종교일 리가 없다고 말했어요.… 힘들고 어두운 시기를 보내야 했어요. 그런 후 밝은 빛과 희망, 사랑이 점차 스며들어 왔고 내가 공허와 쓸쓸함을 느낄 이유가 있음을 알게 됐어요. 그것은 신의 개입이었어요. 그 체험 이후 전혀 다른 해석으로 경전을 볼 수 있다는 내적 자각을 갖게 되었어요(마무나, 말레이시아 2013).

수마야는 사춘기 시절, 성 불평등한 이슬람 메시지에 거부감을 느끼고, 히잡을 강요하는 부모에게 반항하며 이슬람 신앙을 떠나 있었다고 고백했다. 그러나 갑작스런 아버지와 오빠의 죽음으로 삶의 의미를 질문하면서 꾸란을 읽기 시작했다. 가부장적인 말레이시아 이슬람에 거부감을 갖고 있던 수마야는 영어로 된 꾸란을 읽기 시작하면서 무슬림 신앙을 다시 받아들였다. 삶과 죽음의 의미를 찾기 시작하면서 이슬람 신앙에 의지했던 것이다. 물론 수마야가 다시 받아들인 이슬람은 과거의 성불평등하고 가부장적인 말레시아의 이슬람은 아니었다. 수마야는 말레이시아의 이슬람에 문제점을 느끼고, 온전한 이슬람에 대해 알고 싶어 남편을 설득해 영국 유학을 떠나 그곳에서 이슬람학을 전공하며 이슬람에 대한 다양한 해석방법을 알게 되었다. 이슬람을 개혁적인 방식으로 해석하면서 수마야는 다시 깊은 신앙심을 찾게 되었다. 수마야에게 인생은 신이 부여한 시험장이고 그 시험을 통과해 신에게 다다를 기회를 가지게 되는 한 인생의 모든 것이 좋은 것이 될 수 있다. 인간적인 의미에서 나쁜 일조차…. 마무나 역시 성 불평등한 이슬람의 경전 해석에 회의를 느끼고 신앙을 잃었다. 그러나 30대에 들어 인생의 공허함과 어려움을 느끼며 삶의 의미를 찾고자 하면서 다시 이슬람을 들여다보기 시작했다. 진보적인 여성 이슬람 단체와 잦은 교류를 가졌던 마무나는 과거와 다른 경전해석을 하면서 신의 사랑, 신이 주는 빛과 희망을 깨달으며 인생의 의미와 행복을 발견하게 되었다.

인도네시아 여성 활동가들이나 말레이시아 여성 활동가들 모두 시련과 위기의 순간에 신을 의지함으로써 어려움을 극복할 수 있었고, 그들의 삶이 방향을 잃었을 때 이슬람을 통해 길을 발견할 수 있었다. 갑작스레 아버지와 오빠를 연이어 잃었던 수마야는 인생의 모든 나쁜 것조차 그를 통해 신에게 이를 수 있는 통로가 된다면 결국에는 좋은 것이라는 고백을 한다. 길을 잃고 어둠에 갇혔던 마무나 역시 신의 개입과 은혜를 통해 인생의 행복을 발견하게 되었다고 고백한다. 수마야와 마무나는 자신들이 이해하기 어려운 한계상황에 직면해 삶의 무질서함과 무의미성에 빠져 있었다. 그러한 무질서, 무의미의 세계를 이들은 어둡고, 길을 잃고, 고립된 느낌으로 표현하였다. 사랑하는 이를 상실한 고통스러운 체험, 삶의 무의미성, 혼돈과 무질서, 그리고 암흑에서 빠져나오기 위하여 이들은 삶의 의미를 찾기 시작했고 이슬람에서 그 의미를 발견하였다. 달리 표현하자면 이스티, 에닉, 수마야, 마무나는 삶의 무의미성, 죽음의 위기, 죽음의 이별과 같은 고통 속에서 신을 만나 고통에서 의미를 찾음으로써 아픔(어려움)을 이겨내고 그것조차 의미 있는 삶의 한 부분으로 승화시킬 수 있었다.

6. 인간을 인간답게 하는 종교의 힘

이 글은 의미를 추구하는 인간에게 무의미함과 무질서란 견디기 어려운 삶의 조건이며 이것을 이겨내는데 종교가 요청된다는 점을 드러내고자 했다. 말레이시아와 인도네시아 무슬림 여성들의 삶을 통해 종교가 우리에게 정체성과 소속감을 제공함으로써 우리 삶이 편안하고 안정감 있게 영위될 수 있음을 볼 수 있었다. 종교는 인간 삶에 질서와 의미를 부여함으로써 일관성 있고 의미 가득한 삶이 가능할 수 있게 만든다. 또 지진으로 인한 죽음의 위기와 사랑하는 이를 잃고 삶과 죽음의 의미를 찾고자 할 때, 인생의 어두운 시련기에 종교는 이들의 삶을 일으켜 세운 힘의 원천이었다. 더 나아가 그 한계상황 속에서 유한성을 깨닫고 자신에 대해 깊이 반성하면서 초월자(신)와 대면하여 그로부터 주어지는 암호, 상징을 해독하여 초월자와 하나가 될 수 있게 하였다. 종교를 통해 자신이 처한 한계상황을 신의 의도 속에서 해석함으로써 자신의 상황을 이해하고 의미를 부여함으로써 한계상황을 이겨낼 수 있었던 것이다.

"홍 신부님, 너무 힘들어요. 봉사는 견디면 되는데, 이 적막함, 문명과의 이별, 뇌가 정지된 기분… 힘들고 지칠 땐 가끔 들에 나가 울고 옵니다." 이태석 신부가 홍창진 신부에게 했던 말이라고 한다. 하루에도 수십 번씩 익숙한 언어가 있고 나를 잘 아는 친구가 있는 고국에 돌아가고 싶지만 죽어가는 병자들과 배고파 우는 아이들을 차마 외면하지 못해 하루하루 마음을 다잡으며 버틴다고 고백했다는 이태석 신부, 신을 향한 사모함과 열정이 없다면 그 적막함과 지난함을 어떻게 견뎌낼 수 있었을까? 신을 향한 그의 헌신이 없었다면 그의 아름다운 삶이 한 알의 밀알이 되고 널리 공명하는 울림이 될 수는 없었을 것이다.

가부장적 특성이 강한 이슬람 사회에서 여성 활동가로 산다는 것은 수많은 적대감과 편견을 견뎌 내야함을 의미한다. 그럼에도 불구하고 신이 부여한 삶의 목적을 따라 험한 길을 용기 있게 걸어가고 있는 무슬림 여성들의 삶 또한 가치를 추구하는 인간 삶의 의미를 돌아보게 한다. 이태석 신부나 이슬람 여성 활동가들, 현대문명을 거부하고 소박하고 단순한 삶을 통해 영혼의 아름다움과 공동체적 삶을 간직한 아미쉬, 현대화된 인도네시아 속에서 여전히 공동체적 연대감을 제공하며 그 성원들에게 든든한 울타리 역할을 하는 무슬림공동체 등은 모두 본능에 따르는 삶이 아닌 가치추구적인 삶의 모습들을 보여준다. 본능에 따른 자기중심적인 삶이 아닌 자기를 버리는 삶, 더 높은 궁극의 가치를 위해 현세의 낮아짐과 가난을 기꺼이 껴안는 삶은 종교가 있음으로 가능했을 것이다. 우리 인간에게 종교가 있음으로 인해, 물질적 이득과 현세의 안락 대신에 궁극적인 의미와 가치에 최상의 중요성을 부여하고 그러한 삶이 의미 있음을 온몸으로 증명하는 이들과 공동체가 존재한다는 점은 부인하기 어려울 것이다.

〈참고문헌〉

고용복 · 한균자, 『사회학개론』, 한국방송통신대학, 1991.

국립국어원, 『표준국어대사전』, http://stdweb2.korean.go.kr/main.jsp.

권복기, 「아미쉬 공동체 이야기」, 2005, https://blog.naver.com/jeanahn/10
0017486891.

M. B. 맥과이어, 『종교사회학』, 김기대 · 최종렬 옮김, 민족사, 1994(M. B. Mcguire,
Religion: The Social Context. Belmont, Calif. : Wadsworth Pub. Co.
1987).

민경배, 『신세대를 위한 사회학 나들이』, 퇴설당, 1994.

오경환, 『종교사회학』, 서광사, 1979.

이수인, 「말레이시아 무슬림 여성들의 여성주의 운동 참여와 정체성 형성」.
『한국여성학』 29(1). 2013.

_____, 「인도네시아 무슬림 여성 액티비즘의 실천전략과 특징」, 『아태연
구』 21(1), 2014a.

_____, 「말레이시아 근본주의자들에 맞서는 무슬림 여성주의자들의 실천
전략: 말레이시아의 Sisters In Islam 활동가들을 중심으로」, 『한국
여성학』 30(1), 2014b.

_____, 「인도네시아 이슬람 여성주의의 혼성성: 파타야 여성들을 중심으
로」, 『아세아연구』 57(4), 2014c.

_____, 「인도네시아 진보적 무슬림 여성들의 베일에 대한 인식과 실천: 파
따얏 엔우 여성들을 중심으로」, 『아세아연구』 58(4), 2015.

이원규, 『종교사회학의 이해』, 나남출판, 1997.

루이스 A. 코저, 『사회사상사』, 신용하 · 박명규 옮김, 일지사, 1978(Lewis A.
Coser, *Masters of Sociological Thought: Ideas in Historical and
Social Context*. New York: Harcourt. 1971).

가치 있는
삶과
좋은 죽음

행복과 삶
: 생명으로서의 욕구와 삶으로서의 욕구를 중심으로

강 철

행복이란 무엇인가? 행복은 내가 경험을 하는 그 무엇이다. 행복이 그러하다면, 나의 죽음 이후에도 나는 행복해지거나 불행해질 수 있는가? 그럴 수는 없을 것이다. 이 글에서는 이러한 입장을 '경험주의적 행복관'이라고 부르고 이 행복관을 비판적으로 고찰할 것이다. 필자는 '나의 죽음으로 인해 나의 행불행이 끝나는 것은 아니라'는 주장을 하고자 한다. 그 주장을 정당화하기 위해 언어의 차원에서 우리 말 '생명'과 '삶'의 의미상의 차이에 주목할 것이다. 이를 통해 죽음에 취약하지 않은 행복관을 제시하고자 한다. 이 행복관을 구체화하기 위해서 '생명으로서의 욕구'와 '삶으로서의 욕구'에 관해 논의하고자 한다. 생명이 신체적인 생리현상과 관련된다면, 삶은 의식 활동이나 정신활동과 관련된다. 정신적인 존재로서의 우리는 삶을 의미나 가치의 관점에서 구성한다. 우리가 살아온 '삶'은 단순한 회고나 서술의 대상이 아니라 현재의 행위에 대해서 규범적인 효력을 가진다. 그리고 가치와 의미의 관점에서 우리 인간이 서로를 소중히 또는 가치 있게 대우하려는 그 대우방식이 인간 삶을 존엄하게 만든다.

생명을 너머선 인간의 삶이 동물과 함께 속해 있는 생명의 세계로부터 우리를 분리하여 존엄한 존재로서의 지위를 부여해 준다. 우리의 삶은 생명이 끝나는 죽음 그 너머까지 미칠 수 있으며, '삶으로서의 욕구'가 인간으로 하여금 '행복한 생존'을 넘어서 '가치 있는 삶'을 추구하도록 만든다. 행복이란 살아가야 할 날이 더 있기 때문에 가지는 욕구, 즉 생명으로서의 욕구를 충족시키는 단순한 경험의 문제가 아니다. 우리가 행복에 대해서 논의할 때, 행복이란 살아가야 할 이유를 제공해 주는 삶으로서의 욕구도 실현시키는 문제, 곧 존엄의 문제라는 점이 간과되어서는 안 될 것이다.

1. 경험주의 행복관에 대한 검토

행복이란 주제는 알다시피 사랑이나 정의라는 주제와 마찬가지로 사람들마다 서로 다른 관점과 입장을 가지게 하는 논쟁적인 주제이다. 여기에서는 행복에 관한 한 가지 유력한 입장을 비판적으로 검토하고자 한다. 즉 행복의 개념을 경험에 의존시키는 경험주의 행복관이 그것이다. 이 행복관에 의하면, '나의 행복이란 내가 살아있으면서 가지는 욕구를 충족시키는 경험에서 비롯된다. '내가 살아있으면서 가지는 욕구'를 필자는 '생명으로서의 욕구'라고 부를 것이며, 이를 '삶으로서의 욕구'와 대비시킬 것이다. 삶으로서의 욕구란 인간의 삶이 가지는 존엄한 본성에 근거를 둔 욕구를 말한다. 그 두 욕구의 차이를 우리 말 '생명'과 '삶' 간의 언어적 차원과 존재양태의 차원에 근거를 두고 설명할 것이다. 행복이란 생명으로서의 욕구를 충족시키는 단순한 경험의 문제가 아니라 삶으로서의 욕구도 실현시키는 존엄한 대우를 받는 문제이다.

경험주의 행복관은 근원적인 경험의존성을 주장하고 있다. 이 행복관은 우리의 상식적인 믿음에 의존하고 있으며 나와 연관된 어떤 일들을 내가 경험해야 비로소 나에게 행복이나 불행이 될 수 있다는 것이다. 경험하지 못 했거나, 경험 자체가 불가능한 사건들은 나 자신의 행불행을 증가시키지도 감소시키지도 못 한다. 당연한 말이지만 '나'는 경험을 하지 못하더라도, 나의 가족이나 지인들, 더 나아가 나의 자손들이 나에 관한 일을 경험함으로써 행복해지거나 불행해지는 것은 가능하다. 그러나 그런 행불행은 나의 행불행, 엄밀히 말해서 나 자신의 행불행은 아닌 것이다.

이와 같은 경험주의 행복관이 현대 사회에서 가장 널리 수용되는 행복관 중에 하나인 것 같다. 이 글에서는 경험주의 행복관이 가질 세 가지 주요한 특성들을 제시하고자 한다. 첫째, 경험주의 행복관은 행불행을 판단할 필수적이고 핵심적인 요건으로서, '인지'나 '경험'이라는 행위자의 주관적인 심리상태를 제시한다. 사람은 어떤 사건을 인지하거나 경험해야만 그 사건이 그 자신에게 행복하거나 불행한 사건이 될 수 있다는 것이다. 둘째, 경험주의 행복관은 행복하거나 불행할 수 있는 기간을 생물로서의 생존한계 내로 한정한다. 즉 개인의 행복이란 그의 생물로서의 탄생에서부터 죽음에 이르는 단지 이 일대기 동안에만 이루어질 수 있는 것이다. 생명체로서의 죽음 너머에서 벌어진 일들은 그 개인의 행불행에 영향을 미칠 수 없으며, 따라서 행불행을 구성하는데 관여할 수 없는 것이다. 그 이유는 이미 죽은 내가 경험을 하는 것은 불가능하며 따라서 어떠한 행불행도 죽은 나에게 귀속될 수 없기 때문이다. 셋째, 경험주의 행복관에 의거하면, 우리가 어떤 욕구를 가지는 것은 자신의 생명이 앞으로 지속될 것이기 때문이다. 이런 욕구를 필자는 '생명으로서의 욕구'라고 부르고자 한다. 예컨대 내가 직장을 나가는 이유는 살아 갈 날이 남아있기 때문인데, 그 남은 삶을 윤택하게 살고 싶은 것이다. 만약 살아 갈 날이 정말로 그리 많지 않다면 직장에 나가려 하지 않을 것이다. 그리고 자식을 낳으려는 이유도 살아 갈 날이 남아있기 때문인데, 그 남은 삶을 자식과 함께 행복하게 살고 싶은 것이다. 만약 자식을 낳은 후에 곧 죽거나 얼마 못 산다면 자식을 낳으려 하지 않을 것이다. 그리고 현재 무엇인가를 먹으려는 이유도 단지 배고픔을 해소하기 위해서가 아니라 살아 갈 날이 남아있기 때문인데, 그 남은 삶을 의미 있게 살고 싶은 것이다. 자신의 생명이 어느 기간 동안 지속한다는 사실은 살아갈 날이 더 있기 때문에 가지는 욕구들을 충족시키거나 성취할 이유를 제공해 주는 것이다. 그렇지 않고 내가 당장 또는 얼마 지나지 않아 죽을 것이라고 한다면 생명으로서의 욕구를 가지거나 추구해야 할 '이유'는 없을 것이다. 예컨대 오늘 저녁이 내 인생의 마지막 날이라면 직장에 가거나 자식을 낳으려 하거나 심지어 먹으려는 욕구조차도 가지지 않을 수 있는 것이다. 생명으로서의 욕구란 그 본성상 살아갈 날이 남아있기 때문에 요구되는 욕구인 것이다. 그 남은 날을 우리는 행복하거나 의미 있는 시간으로 채우고 싶은 것이다.

2. 행복과 경험

현대 개인주의 사회에서 어떤 사안이나 행위가 과연 좋은 것인지 나쁜 것인지, 또는 옳은 것인지 그른 것인지를 가리는 기준이나 원칙은 무엇인가? 예컨대, 낙태, 안락사, 연명의료중단 등과 관련해서 무엇이 이러한 행위들을 허용해 주거나 금지시키는가? 이런 행위들의 도덕적 정당성을 판가름해 주는 원칙은 무엇인가? 많은 사람들은 그 대표적인 원칙 중 하나로 "자율성 존중의 원칙(the principle of respect for autonomy)"을 제시한다. 이 원칙은 현대 민주주의 사회에서 널리 수용되고 있는 원칙인데, '개인 자신이 어떻게 생각하고 판단하는지'를 해당 사안의 도덕적 정당성 결정에 핵심적인 요소로 간주한다. 다시 말해서 행위자가 낙태, 안락사, 연명의료중단 등의 행위를 하려고 할 때 자기와 관련된 그러한 행위들에 대한 가치판단을 내릴 도덕적 주권이 행위자 자신에게 있다는 것이다. 의사결정과 관련해서 '충분한 정보에 의한 동의(informed consent)'를 요구하는 까닭도 자율성 존중의 원칙 때문이다. 즉 '충분한 정보에 의한 동의'는 어떤 개인이 자율적인 의사결정을 내리기 위해서 해당 사안과 관련된 중요한 정보를 그 개인이 인식할 것을 요구한다. 경험주의 행복관은 자율성 존중의 원칙에 의거해서 그 개인이 실제로 인식하거나 경험한 것을 행불행을 판단하는데 결정적인 요건으로 간주한다.

그런데 행불행의 판단에 있어서 경험을 핵심요건으로 간주하는 경험주의 행복관을 어떤 자가 거부한다고 해보자. 그는 다음의 3가지 철학적인 물음에 대답을 해야 할 것 같다. 첫째, 존재적인 차원의 문제로서, 내가 경험하지 못 했거나, 심지어 경험 자체가 불가능한 사건이 어떻게 **나 자신**

의 행복이나 불행을 좌우할 수 있는가? 그런 사건은 행불행을 구성할 수 없다'고 누군가가 판단한다면, 그는 경험주의 행복관을 거부하는 것은 아닐 것이다. 둘째, 인식적인 차원의 문제로서, 나 자신의 행복이나 불행과 관련해서 나의 삶을 나의 내부에서 어떻게 느끼는지에 대한 보다 본질적이고 핵심적인 조건이 있는가? 어떤 자가 '더 본질적인 조건은 없다'라고 판단한다면, 그는 경험주의 행복관을 거부하는 것이 아니다. 셋째, 윤리적인 차원의 문제로서 '나 자신의 경험'을 나의 행불행에 대한 판단기준으로 인정해 주지 않는다면, 행복한 삶을 자율적으로 계획하고 숙고하려는 나를 과연 존중해 주는 것인가? 존재적, 인식적, 윤리적 차원의 문제들에 대해 위와 같은 판단을 내리는 것이 합당하다면 경험주의 행복관은 충분히 정당화될 수 있을 것이다. 그렇다면 행복은 경험의 문제라고 해야 하는 것 아닌가?

경험주의 행복관에 따르자면, '나는 행복하다'는 말은 '나는 행복을 느끼거나 경험한다'는 말과 다르지 않다. '행복하다'는 '행복을 경험한다'로 의미의 손실 없이 번역될 수 있는 것이다. 이를 증명하기 위해서 교통사고 사례를 보자.

어느 날 TV를 보던 철수는, 갑자기 굴러 떨어진 집채만 한 바위에 차량이 깔렸다는 뉴스를 보게 된다. 운전자는 임신한 상태였으며 사고 직후 응급차로 후송되었지만, 현재 생명이 위독하다는 것이다. 철수는 그 뉴스를 보며 낯모르는 그 임산부와 태아의 운명을 안타까워하면서 그들이 안전하기를 간절히 바랐다. 얼마 후 그 사건은 철수의 뇌리에서 사라졌다. 그런데 나중에 밝혀진 사실이지만, 그들 모두 그 사고로부터 생명을 구할 수 있었다. 그렇다면 그들이 무사하다는 사실은 철수를 행복하게 만드는가?

그들이 사고 후에 어떻게 되었는지를 철수는 듣지 못 했고, 그런 사고가 있었다는 사실조차 그의 뇌리에서 사라졌다. 따라서 경험주의 행복관에 따르자면 철수가 인지 또는 경험하지 못한 그 사실이 철수의 행복에 기여하거나 그를 행복하게 만드는 것은 불가능하고 불합리하다고 해야 할 것이다. 그러나 이 말이 할 수 있는 이야기의 전부인가?

철수가 행복해진다고 말하는 것은 터무니없는 소리라고 당신이 생각한다면 당신은 어떤 사건이 특정 행위자의 행복에 기여하기 위해서는 그자가 그 사건을 반드시 경험해야 한다는 견해를 가지고 있다고 할 수 있다. 그렇다면 경험이 정말로 행복의 결정적인 요소인가? 이번엔 임종 사례를 보자.

임종이 얼마 남지 않은 영희는 서울의 한 중환자실에서 사경을 헤매고 있다. 그런데 의식이 일시적으로 돌아왔을 때 그녀는 연락이 두절된 외아들이 잘 살아가기를 간절히 바라고 있다. 그런데 그녀는 모르는 사실이지만, 그 시각 아들은 교통사고로 사망을 하였다. 아들이 죽었다는 그 사건을 알 길이 없기 때문에 그녀는 불행하지 않은 것인가?

교통사고 사례와 마찬가지로, 임종 사례에서도 문제의 사건을 영희는 경험하지 못 했다. 그렇다면 영희는 불행하지 않다고 말해야 하는가? 경험주의 행복관이 일관성을 유지하려면 해당 사건으로 인해 철수가 행복해지는 것도 아니고, 영희가 불행해지는 것도 아니라고 주장해야 할 것이다. 그러나 '철수가 행복해지는 것은 아니라'는 판단을 단호하게 내리면서도 '영희가 불행해지는 것은 아니라'는 판단을 내리는 데는 주저하는 사람들이 있다고 본다. 이 두 사례에 대한 태도상의 차이에 주목하면서 경험주의 행복관을 비판적으로 검토하고자 한다.

이 글의 핵심 문제는 '어떤 사건을 누군가가 경험하는 경우에만 그 사건이 그 사람에게 행복이나 불행이 될 수 있는가?'이다. 이 문제를 필자는 '죽음'이라는 사건과 관련해서 논의할 것이다. 우리는 자신의 죽음만큼 자신에게 불행한 사건은 없다고 생각한다. 또한 죽다가 살아나는 것만큼 감사하게 생각하며 기뻐하는 일도 없다고 생각한다. 그런데 위에서 논의했듯이 경험주의 행복관에 의거하자면 죽음이라는 사건이 우리에게 불행일 수 있으려면 그 사건을 우리가 경험할 수 있어야 한다. 과연 나 자신의 죽음을 나는 경험할 수 있는가? 일반적으로 우리는 자신의 죽음을 자신에게 가장 나쁜 일이라고 믿는다. 그런데 자신의 죽음을 직접 경험할 수 없다면 나의 죽음이 어떻게 나에게 나쁜 일일 수 있으며 불행한 일일 수 있는가?

3. 죽음에 대한 경험주의적 검토

'죽음은 나쁜 것인가?' 이 물음은 죽음에 대해서뿐만 아니라 삶에 대해서도 우리가 어떤 생각을 가지고 있는지를 가늠할 수 있게 해 주는 근본적이면서도 중대한 물음이다. 이 물음은 삶의 의미를 묻는 질문에 대한 답을 하는 데 중요한 영향을 미친다. 또한 자신의 삶이 행복했는지 또는 불행했는지에 대한 태도는 자신의 죽음에 대한 태도에도 영향을 미친다. 따라서 행복한 삶이 무엇인지와 관련된 행복관을 제시하기 위해서 죽음에 관한 문제를 논의하고자 한다. 앞서 강조했듯이, "나의 죽음으로 인해 나의 행불행이 끝나는 것은 아니다"라는 주장에는 하나의 행복관이 전제되어 있는 것이다.

1) 죽음은 나쁜가?

이 물음은 고대로부터 계속 논쟁되어 온 죽음에 관한 근본적인 철학적 물음이다. 이 논쟁의 핵심에는 죽음에 관해 비범한 생각을 가졌던 철학자 에피쿠로스(Epicurus, BC. 342~270)가 있다. 그는 철저한 경험주의에 입각해서 일반인들이 가지고 있던 '죽음은 나쁜 것이다'라는 생각을 비판하고 있으며, 죽음에 대한 잘못된 상식을 죽음의 본질을 드러냄으로써 교정하고자 하였다. 알다시피 죽음에 관한 현대의 많은 철학적 주장들은 에피쿠로스를 논의의 발판으로 삼아서 자신들의 견해를 전개하는데 죽음이 나쁘다는 문제의 핵심을 명료하게 적중시키고 있기 때문이다. 「메노이케우스에게 보낸 편지(letter to menoeceus)」(이하, 「편지」)에 담긴 그의 주장을 보자.

> "죽음이 우리에게 아무것도 아니라는(nothing to us) 생각에 익숙해지도록 하라. 왜냐하면 모든 좋은 것들과 나쁜 것들은 느낌(sensation)에 그 본질이 있고 죽음이란 느낌의 박탈(deprivation of sensation)이기 때문이다. 그러므로 가장 두렵고 나쁜 일인 죽음은 우리에게 아무것도 아니다. 왜냐하면 우리가 존재하는 한 죽음은 우리와 함께 있지 않으며, 죽음이 오면 우리는

이미 존재하지 않기 때문이다. 그렇다면 죽음은 산 사람이나 죽은 사람 모두와 아무런 상관이 없다. 왜냐하면 산 사람에게는 아직 죽음이 오지 않았고, 죽은 사람은 이미 존재하지 않기 때문이다."

이 유명한 구절을 통해서 에피쿠로스는 어떤 주장을 하고 있는가? '죽음은 나쁜 것'이라는 명백해 보이는 상식을 반박하고 있는 것이다. 그런데 그의 주장을 제대로 이해하기 위해서는 '에피쿠로스다운' 입장, 즉 '에피쿠로스적' 입장에서도 기꺼이 인정할 수 있는 이유를 알 필요가 있다.[1]

2) 죽음에 대해 부정적인 태도를 가지게 하는 상식적인 이유들

우리는 일반적으로 죽음에 대해 부정적인 태도를 가지는데, 죽음을 가장 두려워하며 가장 나쁜 것이라고 생각한다. 그렇다면 죽음에 대해서 그런 부정적인 태도를 가지게 하는 이유는 무엇인가? 상식적인 이유들을 열거하자면 첫째, 죽어감(dying), 다시 말해서 죽어가는 과정이 나쁘기 때문이다. 이 때문에 죽어감의 최종 결과인 죽음(death)을 나쁜 것으로 간주하는 것이다. 일반적으로는 어떤 결과에 이르는 과정이 나에게 고통스럽고, 그런 고통 때문에 나쁜 것이라고 한다. 과정이 나쁘면 흔히 그 결과도 나쁘다고 생각하는 것이다. 그런데 이런 상식적인 생각에서 죽음이 나쁜 것이라는 판단을 내린다면 에피쿠로스적 입장 역시도 그런 판단을 수용할 수 있을 것이다. 그러나 에피쿠로스적 입장이 여전히 할 수 있는 주장은 '과정이 나쁘기 때문에 그 과정의 최종적인 결과도 나쁘다'는 말이 '결과 그 자체에 대한 나쁨'을 입증한 것은 아니라는 주장이다. 더욱이 죽어감이 전혀 고통스럽지 않으며 따라서 나쁘지 않다면 죽음 그 자체도 나쁜 것은 아니라고 주장해야 할 것이다. 이런 논리는 죽어감이 나쁘다는 이유로 죽음도 나쁘다고 생각하는 사람들이 피하고 싶은 논리일 것이다.

둘째, 죽음이 나쁜 이유는 죽음으로 인한 결과(the consequences of death)가 나쁘기 때문일 수 있다. 즉 죽은 후에 발생된 결과가 나쁘다면 죽음 그 자체도 나쁘다는 것이다. 우리는 '죽음의 나쁨'과 '죽음으로 인한 결과의 나쁨'을 구분할 수 있다. 내가 오늘 죽는다고 해보자. 그럴 경우 내일 만날 수 있을 사랑하는 사람을 만나지 못하거나, 갈 수 있을 즐거운 여행을 가지 못하기 때문에 죽음이 나쁘다고 생각할 수 있는 것이다. 살아있었더라면 가질 수 있었을 기회들을 앗아가기 때문에 죽음이 나쁜 것이다. 그러나 이것은 죽음으로 인한 결과의 나쁨이지 죽음 그 자체의 나쁨은 아닌 것이다. 이런 이유로 죽음이 나쁘다고 판단한 것이라면 에피쿠로스적 입장은 이번에도 그런 판단을 수용하고 이해해 줄 수 있을 것이다.

'어떤 사건 자체의 나쁨'과 '그 사건으로 인한 결과의 나쁨'이라는 구분이 가지는 함의를 보다 구체적으로 논의하기 위해서 새옹지마(塞翁之馬)라는 고사를 보자. 이 고사에는 변방에 사는 한 노인이 등장하는데 그는 어느 날 자신이 기르던 말을 잃어버리게 된다. 그렇다면 잃어버린 그 사건은 나쁜 사건인가? 그런데 집 나간 그 말이 다른 좋은 말들을 데리고 돌아온다. 따라서 잃어버린 그 사건의 결과가 좋기 때문에 좋은 사건이 된다. 그런데 데리고 온 말 중 어떤 말을 그 노인의 아들이 타다가 그만 떨어져서 다리를 크게 다치는 일이 발생하였다. 그렇다면 이제 잃어버린 그 사건은 나쁜 사건으로 되는 것이다. 그런데 전쟁이 일어나서 그 고을의 젊은 청년들이 징집되었지만, 낙마사고로 인해 그 아들은 면제를 받았다. 그리고 징집된 청년들 대부분이 전쟁 중에 사망을 하였다. 그렇다면, 잃어버린 그 사건은 이제 좋은 사건으로 되는 것이다.

그렇다면 새옹지마의 고사가 말해 주는 바는 무엇인가? 그 사건으로 인한 결과의 좋고 나쁨을 결과의 가치에 의거한 기준으로 판단할 수 있다는 것이다. 이로 인해서 다음의 두 가지 결론으로 귀결되는데 하나는 어떤 사건 그 자체의 가치는 고정되어 있지 않다는 것이다. 그리고 그 자체로 좋거나 나쁜 사건은 없다는 것이다.

그런데 어떤 사건 그 자체의 가치가 고정되어 있지 않다는 것이 관점이나 입장에 따라서 다른 가치를 가진다는 것을 뜻한다면 이는 가치에 관한 상대주의(相對主義)를 말하고 있는 것이다. 더 나아가서 가치란 것 자체가 객관적으로 존재하지 않는다는 것을 뜻한다면 이는 가치에 관한 일종의 허무주의(虛無主義)를 말하고 있는 것이다. 필자는 가치에 관해서 그와 같은 상대주의와 허무주의 두 가지 입장 모두를 거부한다. 그리고 '어떤 사건 자체에 대한 가치평가'와 '그 사건으로 인한 결과에 대한 가치평가'는 구분되어야 한다고 주장한다. 그리고 '죽음 그 자체는 나쁜 것도, 두려워해야 할 것도 아니라'는 에피쿠로스의 주장에 비추어 보면 에피쿠로스적 입장 역시 '죽음으로 인한 결과에 대한 가치평가'와 '죽음 그 자체에 대한 가치평가'를 구분하며 가치에 관한 상대주의와 허무주의를 거부하고 있는 것이다.

셋째, 죽어가는 자의 죽음을 경험해야 하는 친밀한 관계에 있던 가족이나 지인들에게는 그의 죽음이 나쁘다. 그렇기 때문에 관계적 차원에서는 죽음을 나쁜 것, 또는 두려워할 만한 것으로 간주할 수 있다. 또한 사회적 차원에서 어떤 개인의 죽음은 인적자원의 손실이며, 이 점에서 나쁘거나 막아야 하는 것일 수 있다. 이와 같은 이유들 때문에 죽음이 나쁘다고 한다면 에피쿠로스적 입장은 그러한 이유들을 거부할 필요는 없다. 그리고 죽음뿐만 아니라 탄생에 관해서도 우리는 '관계적 차원'과 '사회적 차원'에서 평가할 수 있다. "죽음 그 자체는 나쁜 것인가?"라고 물을 수 있듯이, "태어남 그 자체는 좋은 것인가?"라고 물을 수 있는 것이다. 가령, 우리나라는 「모자보건법」에 낙태허용 사유를 정해 두고 있다. 강간이나 근친상간 등 부도덕한 방식으로 태어나는 것은 산모와의 관계, 곧 관계적 차원에서 나쁜 것일 수 있으며, 따라서 낙태를 법적으로 허용하고 있다. 또한 본인 또는 배우자가 대통령령이 정하는 우생학적 또는 유전학적 정신장애나 신체질환이 있거나 전염성 질환이 있는 경우에도 낙태를 허용하고 있다. 이는 유전학적 이상이나 전염성 질환과 같이 탄생이 사회적 차원에서 나쁜 것일 경우에 낙태를 허용하고 있는 것이다.

그러나 죽음이나 탄생이 '관계적 차원'이나 '사회적 차원'에서는 나쁜 것이라고 하더라도, 죽는 그 사람 자신, 또는 태어나는 그 사람 자신에게는 나쁘지 않거나 심지어 좋은 것일 수 있다. 이 글은 '탄생이나 죽음의 결과에 대한 가치평가'와 '탄생이나 죽음, 그 자체에 대한 가치평가'를 구분하며, 탄생과 죽음 그 자체에 대한 가치 상대주의나 가치 허무주의를 거부한다. 그렇다면 다음과 같은 핵심적인 질문을 해보자. 에피쿠로스가 「편지」에서 진정으로 문제 삼았던 것은 무엇인가? 한 마디로 요약하자면, '죽어감'도 아니고 그렇다고 '죽음의 결과'도 아닌, 죽음 그 자체가 관계적 차원이나 사회적 차원에서가 아닌 죽는 그 사람의 개인적 차원에서 나쁜가?'에 대해 질문하는 것이다.

위와 같은 물음에 대해 에피쿠로스적 입장은 '나쁘지 않다'는 대답을 제시할 것이다. 에피쿠로스적인 경험주의 입장은 죽음이 좋거나 나쁘다고 판단할 때의 죽음의 가치란 죽어서 경험하는 그 무엇이 아니며, 탄생이 좋거나 나쁘다고 판단할 때의 탄생의 가치란 태어나서 경험하는 그 무엇이 아니라는 것이다. 그럼에도 불구하고 에피쿠로스적 입장에서 보자면, 많은 경우에 우리는 '그 자체'에 대한 가치평가를 그 '과정'이나, 그 '결과'에 의거한 가치평가와 혼동한다는 것이다. 그로 인해서 어떤 사건이나 대상 그 자체의 가치가 고정되어 있지 않고 관점에 따라 변한다는 상대주의로 빠지게 된다. 더 나아가 가치는 이 세계에 존재하는 어떤 것이 아니라는 가치에 대한 허무주의로 빠지게 된다. 뿐만 아니라 에피쿠로스적 입장에서의 비판은 어떤 사건이나 대상에 대한 가치 평가에 있어서 우리가 관계적이거나 사회적인 차원만을 고려하고 개인적인 차원 자체에는 주목하지 않는다는 것이다. 이로 인해서 또 한 번 가치에 대한 상대주의나 허무주의로 귀착되는 오류를 범하게 되는 것이다.

그러나 필자는 에피쿠로스적 입장과 마찬가지로 가치에 관한 상대주의나 허무주의를 거부한다. 그럼에도 에피쿠로스적인 입장과는 다른 '경험 가능성'에 근거해서 상대주의와 허무주의를 거부하고자 한다. 즉 '생명'과 '삶'이라는 용어의 의미상의 차이와 '생명'과 '삶'이라는 존재양태상의 차이에 근거해서 거부하고자 한다.

3) 경험논증과 존재논증

위 「편지」의 인용구에서 에피쿠로스는 죽음이 아무것도 아니라는 자신의 주장을 옹호하기 위해서 두 가지 논증을 사용하고 있다고 볼 수 있는데, 경험논증과 존재논증이 그것이다. 우선 그는 "죽음은 산 사람이나 죽은 사람 모두와 아무런 관련이 없다"고 말한다. 그런데 죽음이란 정말로 그들

2부

좋은 죽음

양정연　죽음, 좋은 죽음 그리고 전해야 할 말

정현채　죽음은 벽인가, 문인가?

김혜미　잘 죽는다는 것은?
　　　　: 옛이야기 〈개로 환생한 어머니 여행시킨 아들〉

유창선　아들의 전사, 반전 화가가 된 콜비츠
　　　　: 케테 콜비츠의 「피에타」

허용하지 않는다. 그럼에도 불구하고 죽음의 나쁨이나 두려움이 귀속될 존재자가 있는 듯이 주장하는 것은 존재론적 오류를 범한 것이라고 말할 수 있다. 요컨대 존재논증에 의거하자면, 어떤 사건이든 간에 어떤 사람이 존재하는 경우에만 그 사건이 그 사람에게 나쁘거나 좋을 수 있는 것이며 그의 행불행에 관여할 수 있는 것이다.

지금까지 논의한 에피쿠로스의 죽음에 관한 경험논증과 존재논증에 의거하자면 죽음은 산 자에게든 죽은 자에게든 아무것도 아니며, 죽음에 대해 우리가 가진 태도, 곧 죽음이 나쁘다거나 두렵다는 태도는 인식론적이거나 존재론적인 오류에서 비롯된 것이다.

4. 생명과 삶 그리고 죽음

필자는 두 가지 차원에서 죽음과 행복에 관한 경험주의를 극복하고자 한다. 첫째, 언어적 차원에서 우리 말 '생명'과 '삶'이라는 용어의 언어적인 의미 차이를 통해서 극복하고자 한다. 둘째, 존재양태의 차원에서 '생명'과 '삶'이라는 인간의 두 가지 존재양태를 통해서 극복하고자 한다. '인간으로서의 탄생과 죽음'이란 생물학적인 탄생과 죽음, 즉 '동물로서의 탄생과 죽음'이라고 생각할 수 있다. 그러나 그것이 전부인가? 물론 인간 역시 유기체로서, 인간이 아닌- 동물과 생명이라는 점에서는 공통적이지만 인간에게는 '생명' 이외에 '삶'도 있다고 필자는 주장한다.

영어와 독일어 그리고 불어에는 각각 life, Leben, Vie라는 한 가지 단어가 사용되며, 중국어와 일본어에도 生命(혹은 生 또는 命)이라는 한 가지 단어가 사용된다. 이들 언어와는 달리 특이하게도 한국어는 '생명'과 '삶'이라는 두 단어를 가지고 있다. 가령 우리는 the sanctity of life를 '생명의 신성성'으로, the quality of life는 '삶의 질'로 번역하지만, 일반적으로 그 반대로는 번역하지 않는다. 바꿔 말해서 다른 언어의 사용자들, 가령 영어의 경우에 'life'라는 한 단어를 가지고 나타내려는 의미를 한국어는 '생명'과 '삶'이라는 두 단어를 가지고 나타내는 것이다. 물론 인간의 사고가 가진 보편성을 전제한다면 다른 언어를 사용하는 사람들이 한국어의 '생명'과 '삶'에 해당하는 두 가지 단어를 사용하지 않더라도 의미상의 차이를 두고서 한 가지 단어를 사용할 것이다.

그렇다면 '생명'과 '삶'은 어떻게 다른가? 언어적 차원과 존재양태의 차원이라는 두 차원에서 논의할 수 있는데, 먼저 언어적 차원에서 말하면 우리는 '생명'과 '삶'에 대해 서로 다른 언어적 직관을 가지고 있다. 많은 사람들은 첫째, 생명은 삶을 가능하게 해주는 전제이고, 삶은 생명을 토대로 한다고 생각한다. 生命이란 풀어 쓰자면 '살아있는 목숨'을 뜻하며, 어떠한 삶이든지 목숨이 붙어있어야만 그 삶이 가능한 것이다. 둘째, 생명은 신체적인 생리현상과 밀접히 관련되는 반면에, 삶은 의식활동이나 정신활동 속에 그 본질이 있다. 생명이란 물질대사로서 우리 모두를 동일하게 지배하는 인과적인 자연의 법칙에 근거를 두고 있다. 그러나 삶이란 각자가 저마다의 관점과 입장에 따라서 인식하고 평가한 것들의 가치와 의미에 근거해서 구성되는 것이다. 셋째, 한 개인에게 생명은 오직 하나만 있지만 삶은 복수로 있다고 생각한다. 우리에게는 부모나 자식으로서의 삶, 직업인으로서의 삶, 시민으로서의 삶 등이 있다. 넷째, 생명에는 있고 없는 것, 다시 말해서 전부(全部) 아니면 전무(全無)이지만, 삶에는 다양한 질적 차이가 존재한다는 것이다. '인간다운 생명'이라는 말은 통용되지 않지만, '인간다운 삶'이란 말은 흔히 사용된다. 예컨대, 풍성하거나 빈약한 삶, 품위있거나 비천한 삶, 좋거나 나쁜 삶 등이 그것이다. 이런 취지에서 생명은 사실의 세계에 속한다면, 삶은 가치와 의미의 세계에 속한다고 할 수 있다.

존재양태의 차원에서 말하자면 인간은 생명과 삶에 관해서 두 가지 종류의 욕구를 가지고 살아간다고 생각한다. 즉 필자가 칭하는 바, '생명으로서의 욕구'와 '삶으로서의 욕구'가 그것이다. 우주적 관점에서 현재까지 발견할 수 있었던 가장 지적인 생명체가 인간이라는 점에서 종으로서의 인간의 '생명'은 고귀하거나 신성한 것이라고 할 수 있다. 또한 개개인은 대체될 수 없는 고유한 존재라는 점에서 개개인의 '생명' 역시 신성한 것이라고 할 수 있다. 그러나 필자는 인간 종에게는 생명이라는 존재양태뿐만 아니라 삶이라는 존재양태도 속한다고 본다.

인간의 '삶'이란 생명처럼 고귀하거나 신성한 것이 아니라 존엄한 것이다. 왜냐하면 인간인 우리 자신이 삶을 소중히 또는 가치 있게 대우하기 때문이다. 삶을, 정신적인 존재로서의 우리는 의미나 가치의 관점에서 구성한다. 자신이 살아온 '삶'이란 단순한 회고나 서술의 대상이 아니라 현재의 행위에 대해서 규범적인 효력을 가지는 것이다. 살아온 또는 살아갈 삶이 어떻게 살아가야만 하는지에 대한 이유를 제시해 주며, 그와 같은 삶으로부터 스스로에게 이해되고 정당화되는 삶의 의미(意味)가 구체화되는 것이다. 본질적으로 말해서, 자신의 삶이란 자기 스스로도 자의적으로 대할 수 없는 대상이다. 뿐만 아니라 문명화된 사회에서 가령, 인격체로서의 '타인' 그리고 타인과 분리불가분한 관계에 있는 '타인의 삶'에 대한 사회적 평판이나 인식은 존중되어야 하고 보호되어야 한다는 것은 사회적으로도 승인되는 사회적 사실이다. 삶이 개인적인 그리고 사회적 측면에서 가지는 이와 같은 특성은 인간의 삶을 존엄한 대우를 받아야 할 대상인 동시에, 존엄한 대우를 요구하는 대상으로 규정해 준다. 따라서 고귀하거나 신성하다는 술어는 생명에 적합하며 존엄하다는 술어는 삶에 적합한 술어이다. 신성(神性)이 생명의 본질적인 특성이듯이 삶의 본질적인 특성은 존엄(尊嚴)이다. 인간은 지구상에서 존엄할 수 있는 유일한 존재이며 어쩌면 전 우주에서 존엄할 수 있는 유일한 존재인지도 모른다. 생명이라는 존재양태를 가진다는 점에서 인간은 여타의 동물들과 구분되지 않는다. 하지만 삶이라는 방식으로도 인간은 존재하는 것이다. 존엄을 본질적인 특성으로 하는 삶, 그런 삶에 기반한 욕구가 바로 '삶으로서의 욕구'인 것이다.

인간의 삶과 마찬가지로, '인간의 죽음' 역시도 동물의 죽음과는 뚜렷이 구분된다고 생각한다. 생물학적 유기체로서 중요한 생체기능들이 정지되거나 기능을 하지 못하게 됨으로써 우리는 죽음을 맞는다. 그러나 그러한 죽음은 동물에게도 해당되는 죽음이다. 인구에 회자되는 '호랑이는 죽어서 가죽을 남기지만, 인간은 죽어서 이름을 남긴다(豹死留皮 人死留名)'는 속담처럼 인간의 죽음이란 단지 동물에게도 있는 가죽을 남기는 죽음이 아니라 이름을 남기는 죽음이기도 한 것이다. 만약 인간 종이 멸종을 한다면 인사유명의 죽음과 같은 식의 죽음은 지구상에서 더 이상 존재하지 않을 것이다. 따라서 인간이 아닌 동물들의 존재방식과 인간의 존재방식의 근본적인 차이를 승인한다면, 필자는 인간의 행복이 미치는 범위는 인간 존엄이 미치는 범위에 부합해야 한다고 믿는다.

우리는 단지 자신의 죽음만을, 생물학적인 죽음만을 염려하는 존재가 아니다. 자신이 생전에 애착을 가졌던 일들이나 사람들의 운명에 대해서도 깊은 관심을 가지는 존재이며 심지어 자신과는 관련이 없어 보이는 먼 미래세대의 인간에게도 깊은 관심을 가진 존재이다. 단지 생물학적 유기체로서의 일대기만을 살아가는 생명이 아니라, 자신의 죽음 너머에까지 삶이 이어지는 존재인 것이다. 앞서 검토했던 '임종 사례'에서 자식의 죽음을 경험하지는 못 했더라도 그 어머니의 삶은 불행한 삶이라고 판단하는 것이 합당해 보인다면, 그 이유는 인간이란 존재에게는 생명만이 아니라 삶이 문제가 되기 때문이다.

다시 한 번 강조하자면 영혼이나 사후세계와 같은 초경험적인 종교적 현상에 대한 불가지론과 죽음의 절멸성과 죽음의 불가피성을 전제하고서 '나의 죽음으로 인해 나의 행불행이 끝나는 것은 아니'고 주장하고자 한다. 왜냐하면 인간존재에게는 '생명'만이 아니라 '삶'도 속하기 때문이다.

5. 결론

이 글은 경험을 행불행의 성립요건이라고 하는 경험주의 행복관을 비판하면서 행불행의 지평을 죽음 이후까지 확대하려고 하였다. 그 목적은 죽음에 취약하지 않은 행복관을 모색하고 제시하기 위해서였다.

어떤 사건이 나의 경험과 인과적으로 연결되어야만 그 사건이 나의 행복이나 불행이 될 수 있다고 한다면, 내가 죽은 이후에 태어날 미래 세대의 복지를 배려해야 할 동기는 나의 현재 행위에는 '본질적으로' 중요성을 가지지 않을 것이다. 내가 경험할 수 없는, 나의 사후에 벌어진 일들은 나의 행복을 구성할 수 없기 때문이다. 또한 나 자신의 인생에서 성취할 수 없는, 그리고 미래 세대 사람들의 성취에 단지 수단으로만 이용될 뿐인 어떤 과제나 작업에 도전해야 할 동기도 나의 현재 행위에 '본질적인' 중요성을 가지지 않는다. 이와 같은 언급은 인간이 경험주의에 입각한 '생명으로서의 욕구'만을 지니는 존재라면 맞는 말이다. 그러나 인간이란 존재에게는 존엄한 대우를 받을 권리와 존엄한 대우를 해야 할 의무를 정당화시켜 주는 '삶'이라는 존재양태도 속해 있다. 미래세대가 아직 태어나지 않았기에 욕구가 현실화되지 않아서 우리에게 아무런 것을 외치지 않더라도 그들의 복지를 배려해야 한다면 '인간 존엄'이 가장 확고한 근거라고 생각한다. 또한 나의 생존기간 내에 성취될 수 없어서 나의 욕구가 충족되지 않더라도 미래 세대의 성취를 위한 밑거름이 되고자 한다면 자기 욕구의 충족에 머물지 않고 자기 자신을 존엄하게 대우하고자 하는 '인간 존엄'의 가장 확실한 근거가 될 것이다.

우리가 사는 삶이란 동물과 함께 속해 있는 생명의 세계로부터 우리를 분리하여 존엄한 존재로서의 지위를 부여해 준다. 우리의 삶은 존속, 곧 생명이 끝나는 죽음 그 너머까지 미칠 수 있도록 해 준다. '삶으로서의 욕구'가 인간으로 하여금 '행복한 생존'을 넘어서 '가치 있는 삶'을 추구하도록 만든다. 행복이란 살아가야 할 날이 더 있기 때문에 가지는 욕구, 즉 생명으로서의 욕구를 충족시키는 단순한 경험의 문제가 아니다. 우리가 행복에 대해서 논의할 때, 행복이란 살아가야 할 이유를 제공해 주는 삶으로서의 욕구도 실현시키는 문제, 곧 존엄의 문제라는 점이 간과되어서는 안 될 것이다.

〈참고문헌〉

로버트 스키델스키 · 에드워드 스키델스키, 『얼마나 있어야 충분한가』, 김
　　　병화 옮김, 부키, 2013.

Luigino Bruni and Pier Luigi Porta 편, 『행복의 역설』, 강태훈 옮김, 經文
　　　社, 2015.

부루노 S. 프라이, 『행복, 경제학의 혁명』, 유정식 · 홍훈 · 박종현 옮김, 부
　　　키, 2015.

스테마노 지마니 · 루이지노 브루니, 『21세기 시민경제학의 탄생』, 제현주
　　　옮김, 북돋음, 2015.

가치 있는
삶과
좋은 죽음

모두에게 아무것도 아닌가? 「편지」에는 죽음이 아무것도 아님을 뒷받침하기 위해서 두 가지 논거가 제시되어 있다. 첫 번째 구절에는 "모든 좋은 것들과 나쁜 것들은 느낌에 그 본질이 있고 죽음이란 느낌의 박탈이기 때문"이라는 근거가 제시되어 있다. 이를 느낌 또는 감각함에 근거한 에피쿠로스의 경험논증이라고 부를 수 있다. 죽음이란 '느낌의 박탈'이지 '박탈에 대한 느낌'이 아니며, 느낌의 박탈이기 때문에 산 자나 죽은 자 모두에게 아무것도 아니라고 주장할 수 있는 것이다.

그런데 '느낌의 박탈'과 '박탈에 대한 느낌'은 어떻게 다른가? 일반적으로 말해서 우리는 자신의 죽음을 그 무엇보다도 슬퍼하고 두려워한다. 가령 자신의 죽음으로 인해서 사랑하는 사람과 작별을 한다는 것은 더 할 나위 없이 큰 슬픔이라고 생각한다. 또한 그 동안 살아왔던 세상에 더 이상 아무런 영향을 미칠 수 없다는 사실보다 더 두려운 것은 없다고 생각한다. 죽음이란 살면서 맺었던 모든 관계와 세상에 관여했던 모든 과제들을 완전히 박탈당하게 하는 사건이다. 그런데 이런 생각을 할 때 사람들은 어떤 상태에 있는가? 그들은 자신의 죽음 이후에도 자신의 죽음으로 인한 박탈, 그 박탈에 대한 자신의 느낌을 마치 자신이 살아있는 것처럼 서술하고 설명한다. 즉 자신의 죽음으로 인한 결과를 자신이 경험하고 있는 듯이 말하고 있는 것이다. 타인의 죽음으로 인한 결과를 경험하는 듯이 자신의 죽음으로 인한 결과를 경험하고 있는 것이다. 이는 경험이나 인식불가능한 대상을 경험하거나 인식할 수 있다고 주장한다는 점에서 인식론적인 오류를 범하고 있는 것이다. 자신의 죽음이란 '박탈에 대한 느낌'이 아니라 '그 모든 느낌에 대한 박탈'을 뜻하는 것이다. 그렇기 때문에 자기 자신의 죽음에 대한 어떠한 설명이나 서술도 불가능한 것이다.

죽음이란 느낌의 박탈이기 때문에 그 어떤 것도 더 이상 박탈될 수 없는 죽은 자에게는 아무것도 아닌 것이다. 뿐만 아니라 죽음이 무엇인가를 잃어버린다는 것에 대한 느낌, 그 느낌 자체의 박탈이기 때문에 산 자에게는 어떤 것도 아니라는 점에서 아무것도 아닌 것(nothing)이다. 다시 말해, 무(無)이다. 무 자체를 우리는 설명하거나 서술할 수 없다. 무 자체에 대해서 단지 무라고 동어반복으로 지칭할 수 있을 뿐이다. 이런 취지에서 무를 설명하고 서술하려는 것은 소용없는 일이고 무의미한 일이다. 죽음에 대해서도 에피쿠로스적 입장은 마찬가지의 주장을 하는데, 죽음 '그 자체'에는 설명하거나 서술되어야 할 어떠한 특성도 없으며, 그럼에도 불구하고 설명하거나 서술하려고 한다면 이는 무의미한 일이라고 한다.

한편 죽음이란 개념정의상 죽음이란 사건과 죽음의 나쁨이 귀속될 존재자의 부재를 뜻한다. 가령 어떤 자가 자살을 하는 경우에 자살이라는 사건과 자살로 인해 야기되는 나쁜 영향을 그 사람은 받을 수가 없다. 왜냐하면 이미 죽어버렸기 때문이다. 마찬가지로 그 사람이 살아있는 동안에는 죽음이라는 사건과 그 죽음의 나쁜 영향을 그 사람은 받을 수가 없다. 왜냐하면 살아있기 때문이다. 따라서 죽음이란 살아있는 자에게 아무것도 아니라는 이 논증을 존재논증이라고 부를 수 있다. 「편지」에서 인용한 부분을 보면 에피쿠로스는 "우리가 존재하는 한 죽음은 우리와 함께 있지 않으며, 죽음이 오면 우리는 이미 존재하지 않는다"라고 말한다. 왜냐하면 존재함, 곧 '생명'과 존재하지 않음, 곧 '죽음'이란 그 중간을 허용하지 않고 살아있거나 죽어있거나 둘 중 어느 하나에 속할 수밖에 없는 양자택일의 문제이기 때문이다. 생명과 죽음이란 한 개체에 동시에 있을 수 없다는 의미에서 모순관계에 있으며, 반쯤 살아있거나 반쯤 죽어있다는 중간을

01 죽음, 좋은 죽음 그리고 전해야 할 말

양정연

하이데거의 말처럼 '인간은 죽음을 향해 나아가는 존재'로서 죽음과 대면한다는 것은 개인적인 측면에서 실존적인 문제일 수밖에 없을 것이다. 이 죽음은 삶에서 맞이할 수밖에 없는 것이고 생명의 과정에서 이뤄진다. 그런데도 우리는 삶과 죽음을 대립적 또는 긍정과 부정으로 구분하고자 한다. 기쁨/슬픔, 행복/불행, 좋음/나쁨 등을 선택하는데 익숙한 우리의 일상 속에서 삶/죽음 또한 선택의 문제로 살며시 스며들어 온 것 같다. 죽음을 삶과 대립적인 것으로 이해한다면, 죽음은 부정적인 것이 되고 그 과정인 노화 역시 부정적인 영역에 속해버리게 된다. 죽음을 선택이 아닌 하나의 과정이라고 본다면, 즉 태어난 모든 존재를 생로병사의 생명 과정 속에서 이해하게 된다면, 죽음에 대한 이해와 태도가 지금과 같은 부정적인 관점에서 논의되지는 않을 것이다. 인간은 육체와 정신, 정서, 영적인 측면까지 포함하는 종합적인 특성을 지니고 있다. 죽음은 개인뿐만 아니라 가족과 사회 등 우리와 관련된 영역에서 양자적인 사건으로 작용한다. 따라서 좋은 죽음에 대한 논의는 이러한 모든 특성과 관계성들을 포함하는 가운데 논의되어야 할 것이다.

1. 죽음을 어떻게 이해할 것인가

죽음을 이해하기 위해서는 그 개념과 정의가 먼저 전제되어야 한다. 우리가 규정하는 죽음의 정의를 보면, 주로 의료현장을 중심으로 하는 육체 중심의 생물학적 판단에 근거한다. 혈액 순환이 멈추고 호흡과 맥박과 같은 생리적인 기능이 정지하는 것을 생명의 중지라고 정의하고 혼이 육체로부터 떠나는 것을 죽음이라고 정의하기도 한다.

그런데 우리가 일상생활 속에서 경험하는 죽음은 단지 이러한 의학적인 판단 기준만으로는 설명되지 않는다. 아무리 주위에서 '그 사람'은 죽었다는 말을 하더라도 그리고 몇 번을 확인하더라도 여전히 우리는 그 사람의 죽음을 인정하지 못하는 경우가 있다. 설령 죽음을 인정한다고 하더라도, '그래, 이제 그 사람은 떠났어.'라고 인식하고 그 사람과의 모든 관계가 중지되고 끝났다고 생각하는 사람은 그리 많지 않을 것이다. 1년 전, 10년 전 그리고 훨씬 그 이전에 세상을 떠난 사람들의 죽음이 지금의 나에게 지속적으로 영향을 미친다. 이렇게 죽음은 개인의 개별적인 문제가 아니라 관계 속에서 이뤄지는 사건이 된다. 그렇다면 우리는 죽음을 육체 중심이 아니라 다양한 관점에서 접근하여 이해할 필요가 있을 것이다.

하이데거는 인간의 본질적인 측면을 죽는다는 사실에서 찾는다. 태어난 모든 존재는 죽는다는 사실에서 인간은 영원성이라는 신의 본성과 대비되는 시간적 존재임을 재확인하게 된다. 인간은 시간이라는 유한성 속에서 자신의 삶을 살아갈 수밖에 없는 존재이다. 죽음은 생명에게 부여된 시간이 더 이상 주어지지 않는다는 것을 의미하기 때문에 삶의 끝으로 설명된다. 이러한 죽음의 영역을 이성을 통해 설명하기는 어려울 것이다.

그런데 종교는 삶과의 관련성을 단절하지 않으면서도 죽음에 대한 풍부한 자료를 제공한다. 오히려 삶과 죽음의 영역을 넘나들며 인간 의미의 완성으로까지 승화시킨다.

기독교에서 인간의 의미는 생명력을 부여한 창조주와의 관계성에서 설명된다. "하나님이 흙으로 사람을 지으시고 그 코에 생기를 불어 넣음으로써" 인간에게 생명을 주셨기 때문에, 인간의 완성은 하나님의 세계 안에서 인정되는 방식으로 설명되는 것이 일반적이다. 그렇다면 종교적 완성을 이루기 위한 구체적인 방식은 다양하게 제시될 수 있더라도 궁극적으로는 천국 세계, 하나님의 세계로 나아가는 것이기 때문에, 임종 과정은 그러한 준비의 과정으로 이해될 수 있을 것이며, 그 준비가 잘 되었을 때 좋은 죽음을 맞이했다고 말할 수 있을 것이다.

유불도의 동양종교 전통에서 죽음은 자연적인 생사관과 생명체 전체의 관점에서 설명된다. 새로운 태어남이나 죽음이라고 하는 인식은 분명하게 드러나지 않는다.

장자는 아내가 죽었을 때, 두 다리를 뻗고 동이를 두드리며 노래를 불렀다. 위문을 온 손님이 그 모습을 보고 질책하자, 그는 자신의 아내가 태어나게 된 시초를 생각해보고 또 그 이전을 생각해보니, 모든 것은 변화에 따라 일어나는 것이며 죽음 또한 그러한 변화에 따른 것일 뿐이라고 답한다. 장자는 자신의 장례식에 대해 말하는 제자들에게 "하늘과 땅을 관곽으로 삼을 것"이라고 말한다. 사계절의 변화가 있듯이, 삶과 죽음 또한 그러한 변화일 뿐이며 서로가 함께 하는 것이기 때문에 걱정할 것 또한 없다는 것이다.

유교에서는 일반적으로 논의의 중심을 죽음보다 삶에 둔다. 죽음은 올

바른 삶, 윤리적인 삶을 살았을 때, 그에 상응한 결과로 판단된다는 인식이 자리 잡고 있다. 유교에서 제사의 대상은 다른 귀신이 아니라 조상이라는 점에 주목해야 한다. 조상을 섬긴다는 것은 조상과 자손을 연결하여 교감을 형성하는 것이고 그것이 예로 표현되는 것이다. 제사는 조상에 대한 감사와 공경이며 그러한 마음이 지금의 자손들에게 확장되는 것이고, 구체적으로 의례가 이뤄지는 자리를 통해 감응이 이뤄지도록 하는 것이다. 이런 점에서 제사는 현재의 삶을 중심으로 실천이 이뤄지는 의례가 된다.

일부 사람들은 불교의 관심이 죽음 이후의 세계에 중점을 두는 것으로 잘못 이해하기도 한다. 윤회관이나 중음 세계에 대한 설명이 불교 전적들에서 보이고 특히 티벳의 『사자의 서』에서 이와 관련된 내용이 자세히 설명되고 있는 점도 그러한 생각에 영향을 미쳤을 것으로 짐작된다. 그러나 불교는 철저히 지금의 삶을 강조하는 종교이다.

부처님 제자 가운데 말룬키야풋타가 여래가 죽은 뒤의 세계나 우주 등 형이상학적 질문을 했을 때, 붓다는 '독화살의 비유'를 들려준다. 독화살의 비유는 지금 독화살을 맞은 상태에서 그 재질이 어떤지, 누가 쏘았는지, 어느 방향에서 쏘았는지 등을 물어야 할 것인가 아니면 당장 독화살을 뽑아야 할 것인가 하는 되물음의 답이다. 불교에서 윤회와 중음 세계 등은 현재의 삶을 어떻게 살아야 할 것인가에 대한 가르침으로 제시된다. 윤회 세계에서 인간으로 태어나는 희귀한 기회를 얻은 인간이 '지금' '이 자리'에서 어떤 삶의 목적과 의미를 추구할 것인가 하는 것이 불교의 근본적인 물음이다.

1969년, 하버드대학교 뇌사위원회에서는 호흡, 맥박과 같은 생명 기능의 정지 등으로 설명하던 기존의 죽음정의에 대해 새로운 죽음의 정의,

즉 뇌사를 통한 죽음의 정의를 제시한다. 그런데 이렇게 뇌사를 죽음의 판단 기준으로 제시한 이유는 장기 이식을 통해 새로운 생명을 살린다는 취지에 근거한다. 장기들이 유용한 상태에 있을 때 사용할 수 있도록 장기 선택을 위한 죽음의 정의로 제시한 것이다. 우리나라에서도 1992년 서울 대병원에서 뇌사판정기준을 발표하면서 장기이식에 대한 인식이 전제되고 있음을 밝혔다.

그런데 주의할 점은 이러한 죽음의 정의는 육체 중심의 의학적인 관점에서 죽음을 판정하는 것이며 생명을 유용성의 관점에서 판단하고 있다는 점이다. 우리가 일상생활 속에서 경험하는 죽음은 육체적인 작용이 중지되거나 정지되는 것이 아니다. 우리의 삶이 단지 살아있는 시간에 따라서만 판단될 수 없는 이유는 정서적, 정신적 그리고 영적인 측면까지도 종합적으로 고려되어야 하는 인간의 특성 때문이다. 죽음을 육체만으로 정의한다는 것은 삶과 죽음이라는 인간 생명, 인간에 대한 이해를 육체의 관점에서만 판단하겠다는 것과 다르지 않다. 우리가 주목해야 하는 것은 결국 삶에서 경험하는 죽음에 대한 이해와 우리사회에서 정의하는 죽음 간에 상당한 간극이 있다는 것이다.

시미즈 데쓰로(清水哲朗)는 생명을 논의하면서 죽음의 특징을 통해 인간 생명의 측면을 검토한다. 죽음이라는 것은 움직임의 중지 그리고 대화 등을 통한 상호 교류가 단절된다는 것을 의미한다. 그는 이러한 특징을 생명에 적용하여, 활동적 측면으로서의 생물학적 생명(Biological Life)과 교류적 측면에서의 전기적 삶(Biographical Life)을 제시한다. 인생은 생물학적 생명을 바탕으로 이뤄진다. 그리고 가치라는 점에서 생물학적 생명 상태의 좋고 나쁨을 평가하는 원천이 되기도 한다. 수명이 긴 것이 짧은 것보다 좋다고 평가되는 이유는 전기적인 삶과 관련된 것이며, 주위 사람들과 교류를 통해 그 관계를 더욱 풍성하게 할 수 있기 때문이다.

그런데 만약 몸의 죽음을 확인하지 못하게 되면 우리는 이별을 확인하지 못하게 된다. 이러한 사례를 우리는 세월호 참사를 통해 잘 알고 있다.

"○○야, 조금 늦더라도 집에 올 거지. 항상 기다릴게. 아빠가"
"빨리 와서, 한 번만 안아 줘. 제발…… 아빠엄마"

위의 글은 세월호 실종자들을 발견하지 못했을 때, 그 부모가 적어 놓은 글의 일부이다. 육체적인 죽음을 확인하지 못하는 경우, 실질적으로 그 죽음을 받아들인다는 것은 상당히 어렵다. 이런 경우 가족들에게 그 고통은 더욱 크게 자리 잡는다.

인간을 육체/정신으로 설명하거나 생명/인생, 육체적/정신적/정서적/영적 차원 등으로 설명하는 이유는 전체적인 관점에서 삶과 죽음, 생명의 문제를 검토할 수밖에 없기 때문이다. 그렇다면 '좋은'이라는 가치평가를 내릴 때, 여기에는 이러한 인간의 특성이 모두 고려되어야 하는 것이며 이 모든 것들에 대한 이해의 노력이 포함되어야 할 것이다.

2. 생명과 삶의 의미

우리는 늘 선택을 한다. 그 과정에서 우리는 의식적으로 그리고 의도적으로 부정적이라고 생각하는 것들을 회피하고 거부해 버린다. 인간은 외부와 교류하는 존재로서 접촉을 통해 어떤 느낌을 받는다. 그리고 그 감수 작용을 통해 좋은 느낌과 나쁜 느낌, 좋지도 나쁘지도 않은 느낌이라는 판단을 하게 된다. 그런데 우리는 그 느낌을 있는 그대로 수용하는 것이 아니라 그에 대한 집착을 하게 되고 그에 따라 좋은 것은 선택하고 나쁜 것은 배제하고자 한다. 이러한 선택은 인간을 욕망 추구의 삶으로 이끈다. 감수 작용을 수행의 한 과정으로 체계화시킨 불교의 가르침은 이러한 삶의 과정과 그 결과가 결코 궁극적인 행복을 가져오지 못한다는 사실을 잘 일깨워준다.

그렇다면 생명은 어떻게 이해될 수 있을까? 생명은 살아있다는 것이고 성장한다는 것을 의미한다. 여기에는 육체적이고 물리적인 측면만이 아니라 지속적인 움직임이 작용한다. 인간이 살아있다는 것은 성장의 내적 동인까지 포함하는 것이며, 성장한다는 것은 육체적 성장만이 아니라 내적 성장인 의미와 가치까지 포함하는 것이다. 따라서 우리는 성장을 하면서 지속적으로 자신의 의미와 가치를 추구하고자 한다. 이것은 우리가 직면하고 생활하는 현실 속에서 이뤄진다. 각자가 추구하는 목적이 같을 수도 있고 그 의미와 가치가 다를 수도 있다. 이 과정에서 갈등이 발생하기도 하고 화해와 협조가 이뤄지기도 한다.

인간 존재의 목적과 의미는 어떻게 알 수 있을까? 우리는 인간 존재에 대해 그 기원을 알면 인간의 목적이나 의미, '나는 누구인가' 등과 같은 모든 의문을 시원하게 해결할 수 있을 것이라고 생각한다. 그런데 그 기원이나 탄생의 과정을 이해하는 것에 인생의 의미에 대한 답이 정말 포함되어 있을까?

원인은 과거 시점에서 논의될 수 있는 것이고 목적은 미래를 그 시점으로 한다. 인간의 생명에 대한 자연과학적 설명, 빅뱅이나 태양계 형성, 원시단세포 등이 출현해서 다세포 등으로 발전했다는 이러한 이론에 과연 인간에게 어떤 목적이 있고 그 의의가 무엇인지에 대한 답을 얻을 수 있을까? 그리고 우리가 산길을 오르다가 산딸기를 따먹는 이유가 원래 산딸기에게 그런 목적이 있기 때문일까? 사르트르의 '종이칼' 비유처럼, 우리가 종이칼을 만들게 된 원인은 종이를 자른다는 목적을 이루기 위한 것이기 때문에 그 원인과 목적이 일치한다고 생각할 수도 있다. 그러나 모든 것에서 원인과 목적이 일치하는 것은 아니다. 그렇다면, 우리는 태어난 존재로서의 목적을 어디에서 찾을 수 있을까? 종이칼이 없더라도 자를 수 있는 다른 도구를 이용함으로써 그 도구에 종이를 자른다는 목적을 부여할 수 있듯이, 우리 스스로가 그 목적을 만들어가야 하는 것은 아닐까?

우리는 경험 세계에서 물리적인 현상을 원인에 따라 결과가 발생하는 것으로 이해한다. 우리의 사고와 행위 또한 어떤 원인이 발생함으로써 그 결과를 상정하게 되지만, 그것이 필연적인 과정을 거치는 것은 아니다. 우리는 보통 졸리면 잠을 잔다. 그러나 아무리 졸리더라도 내일 마감을 해야 하거나 준비해야 하는 일이 있다면 우리는 밤을 새서라도 할 일들을 마친다. 그 원인과 결과 사이에서 우리는 선택할 수 있는 의지를 통하여 상황을 조절한다. 우리의 삶은 이러한 자유의지가 작용함으로써 그 과정과 행위의 결과들에 대한 책임을 지게 된다. 우리의 삶이 실험실의 물리적 조작을 통한 동일한 결과물을 요구하는 것이 아닌 한, 우리는 원인보다 이유를 찾음으로써 삶의 목적과 의미를 찾을 수 있을 것이다.

삶의 의미와 목적이 인간 존재에 대한 가치로 논의될 수 있다는 점은 빅터 프랭클(Viktor E. Frankl)의 경험에서도 잘 나타난다. 그는 강제수용소에서 경험한 내용을 『죽음의 수용소에서(Man's Search for Meaning)』란 책을 통해 소개한다. 그는 자신의 삶에서 의미를 찾고자 하는 노력을 인간의 원초적인 동력으로 보았다. 그리고 삶의 의미는 어떤 주어진 상황 속에서 한 개인이 갖고 있는 삶의 고유한 의미인 것으로 표현했다. 그는 시련을 겪더라도 그것을 가치 있는 것으로 만듦으로써 자신이 처한 상황을 초월할 수 있다는 것을 경험을 통해 체득했다. 그가 창안한 '로고테라피(Logotherapy)'에서는 시련을 삶의 의미를 찾을 수 있는 하나의 방법으로 제시한다. 하버드 대학의 심리학 교수인 고든(Gordon W. Allport) 또한 빅터 프랭클의 『죽음의 수용소』를 추천하면서 다음과 같이 말한다.

삶에 어떤 목적이 있다면 시련과 죽음에도 반드시 목적이 있을 것이다. 하지만 어느 누구도 그 목적이 무엇인지 말해 줄 수는 없다. 각자가 스스로 알아서 이것을 찾아야 하며, 그 해답이 요구하는 책임도 받아들여야 한다. 그렇게 해서 만약 그것을 찾아낸다면 그 사람은 어떤 모욕적인 상황에서도 계속 성숙해나갈 수 있을 것이다.

3. 좋은 죽음과 그 권리[1]

그렇다면 논의를 좀 더 확장시켜서 무엇을 '좋은 죽음'이라고 할 수 있는지 검토해 보자. 오늘날 임종환자 돌봄에 대한 관심이 확산되면서 호스피스 영역에서 이에 대한 논의와 실질적인 적용이 활발히 전개되고 있다. 어떤 사람들은 존엄사나 완화의료를 좋은 죽음과 동일한 것으로 이해하기도 하지만 '좋은'이라는 가치판단이 이뤄지기 위해서는 육체적인 생명을 기본으로 하면서도 삶의 의미와 목적 등이 보다 충실하게 논의되어야 한다. 그런데 좋은 죽음을 임종 과정을 중심으로 생각하는 이유는 죽음이 임박한 상황에서 다양한 갈등과 문제가 발생하기 때문이다. 임종과정에서 발생하는 갈등은 자칫 '남겨진' 사람들에게 상처나 악영향을 끼칠 수 있다. 세브란스 병원의 김 할머니 사건이 그렇고 보라매병원의 사례도 그렇다. 데이비드 케슬러가 자신의 책 *The Needs of the Dying(Tenth Anniversary Edition)*에서 소개한 다음의 사례도 우리 주위에서 발생할 수 있는 경우이다.

67세의 당뇨병 환자인 솔은 몇 년 동안이나 투석치료를 받고 있었다. 그는 벌써 두 번이나 심장발작을 일으켰고 시력은 급속도로 나빠졌으며 오른발은 괴사가 진행되어 잃을 위험에 처해 있었다. 한때 힘이 넘치고 백만장자로 자수성가한 그였지만 이제는 침대에서 화장실까지 걸어갈 힘조차 없다.

어느 날 밤, 솔은 동생 벤자민에게 전화하여 와 달라고 부탁했다. 벤자민이 와서 보니, 솔은 침대에 누워 있었다. 솔의 아내 필리스는 집에 없었다. 형은 무척이나 야윈 모습이었으며 숨은 얕고 심장은 약하게 뛰고 있었다. 두려워진 동생은 "도움을 청할게."라고 말했지만 솔은 하지 말라고 바로 답했다.

"죽고 싶어서?"

솔은 고개를 끄덕였고 "소생 조치를 하지 말도록 해."라고 덧붙였다. 형은 침실 탁자 위에 있는 문서를 가리켰다. "내 뜻을 적어 놓았어. 소생술을 하지 말라고 써놓았어."

벤자민은 솔이 말하는 것이 무슨 내용인지를 정확히 알고 있었다. 왜냐하면 그에 관한 내용을 전에 말했었기 때문이다. 솔은 죽음에 대한 준비가 되어 있었다. 그러나 아내 필리스는 그를 보낼 마음의 준비가 되어 있지 않았다. 솔이 준비한 사전의향서에 적힌 "소생술 원치 않음"의 내용을 필리스가 무시할 것이라는 사실을 그 둘은 알고 있었다. 솔은 동생인 벤자민이 자신의 뜻대로 반드시 해주기를 바랐다.

동생은 형의 침대 옆에 앉아 손을 잡았다. 눈물을 참으면서 어린 시절의 좋은 추억들을 이야기했다. 그는 형이 심한 고통을 받고 있다는 것과 이제 떠날 준비가 다 되었다는 것을 알고 있었다. 그는 형을 잃고 싶지 않았다. 형이 정말 죽는다는 사실을 확인하는 입장이 되고 싶지 않았다. 그러나 그렇게 할 각오는 되어 있었다.

모든 일이 순조롭게 이뤄지고 있었다. 그러나 예상보다 빨리 필리스가 돌아왔다. 상황을 파악한 그녀는 즉시 911에 도움을 요청했다. 바로 구조대원이 도착했고 그들은 벤자민에게 물러설 것과 솔에게 의료 조치를 취할 수 있도록 요구했다. 벤자민이 거부하자 그들은 경찰을 불렀다.

"저는 동생입니다. 그는 이제 떠나기를 원해요. 형이 떠나고자 하는데 건드리지 마세요!"라고 벤자민은 경찰에게 말했다. 그는 형의 사전 의향서를 보여주었다. "형이 자신의 뜻에 따라 쓴 문서입니다."

필리스는 그 문서를 빼앗은 뒤에 찢으면서 소리쳤다. "저는 환자의 아내예요. 그는 살기를 원하고 있다고요!"

벤자민은 눈을 감고 있는 솔을 향해 말했다. "형, 가만히 있도록 해주기를 원한다면 내 손을 잡으세요." 모두가 조용히 솔의 손을 바라봤다. 그의 손이 벤자민의 손을 잡고 있었다.

그렇게 벤자민과 솔 그리고 그 이외의 사람들 간에 실랑이는 계속되었다. 벤자민의 손을 잡을 정도로 솔의 의식이 분명한 이상, 구조대원들은 물러나야 했다. 그러나 솔이 의식불명 상태로 되면 아내 필리스가 상황을 이끌게 된다. 그러면 경찰은 벤자민은 밀쳐내고 구조대원에게 조치를 취하도록 할 수 있게 된다. 솔은 죽을 때까지 의식을 놓치지 않으려고 노력했다. 구조대원들이 노력해도 소용이 없을 정도로 죽음에 충분히 다가갈 수 있도록 버티고자 했다. 그는 그들의 요구에 따라, 60초마다 벤자민의 손을 잡으면서 자신은 떠나고 싶다는 신호를 보냈다. 그리고 더 이상 손을 잡지 않았다.

"지금요!" 필리스가 소리쳤다. 경찰은 벤자민을 밀쳐냈고 구조대원은 주사를 꽂고 관을 솔의 몸에 넣으면서 액체를 주입하고 심장에 충격을 가했다. 그러나 이미 늦었다. 솔은 마지막까지 희미해지는 의식과 싸웠고 죽음이 허용되었다는 확신을 가졌다. 경찰은 벤자민을 체포한다고 협박하기도 했지만 그렇게까지 하지는 않았다.

필리스는 남편의 죽음을 벤자민의 탓이라고 비난하며 다시는 벤자민과 말하지 않았다.

케슬러가 소개한 내용을 통해 우리는 죽음이 일어나는 현장의 상황을 짐작할 수 있다. 의료현장에서 법과 가족, 가족 구성원들 사이에서 갈등을 겪을 수밖에 없는 의료진, 가족 간에 견해가 다를 때 일어날 수 있는 상황 그리고 이러한 과정에서 정작 죽음을 눈앞에 둔 이들에 대한 생각을 다시 한 번 하게 된다.

기존의 좋은 죽음과 관련된 개념이나 내용들을 검토해 보면, 죽음을 수용하는 마음의 여유, 긍정적인 삶의 마무리를 위한 태도, 인간으로서의 전인적인 욕구가 이뤄져야 하는 것으로 대략 종합할 수 있다. 〈노인보건의 미래(The future of health and care of older people)〉라는 보고서에서는 구체적으로 '좋은 죽음'에 대해 다음과 같이 12가지를 제시한다.

① 언제 죽을 지 아는 것과 예상할 수 있는 일을 아는 것
② 일어나는 일들에 대해 조절할 수 있는 것
③ 존엄성과 사생활이 인정될 것
④ 고통완화와 다른 증상에 대한 조절을 할 수 있는 것
⑤ 죽음이 일어나는 곳(집이나 다른 곳)에 대한 선택과 조절이 가능한 것
⑥ 필요한 정보와 전문지식을 얻을 수 있는 것
⑦ 영적이거나 정서적인 지원이 필요한 때 충족되는 것
⑧ 병원뿐만 아니라 어떤 곳에서든지 호스피스케어가 가능한 것
⑨ 임종할 때 같이 있어줄 사람을 선택할 수 있는 것
⑩ 희망했던 것이 존중받을 수 있는 사전고지가 이뤄지는 것
⑪ 작별인사를 할 여유가 있고 적절한 시기를 조절할 수 있는 것
⑫ 떠날 때 떠날 수 있고 무의미한 생명연장은 하지 않는 것

호스피스와 완화치료 분야의 전문가인 데이비드 케슬러(David Kessler)는 더 적극적으로 임종과정에 있는 환자의 권리 16가지를 다음과 같이 제시한다.

① 살아있는 인간으로서 대우받아야 한다.
② 관심 내용은 바뀌더라도 여전히 희망을 가져야 한다.

③ 관심 내용은 바뀌더라도 여전히 희망을 지닌 사람들로부터 돌봄을 받을 수 있어야 한다.

④ 죽음에 대한 느낌과 감정을 자신의 방법으로 표현할 수 있어야 한다.

⑤ 자신의 간호에 관한 결정에 참여할 수 있어야 한다.

⑥ 배려할 줄 알고 세심하며 지식이 있는 사람의 돌봄을 받을 수 있어야 한다.

⑦ '치료'에서 '고통 완화'로 치료 목적이 바뀌더라도 계속해서 의학적 돌봄을 받을 수 있어야 한다.

⑧ 모든 질문에 대해 솔직하고 충분한 답을 얻을 수 있어야 한다.

⑨ 정신적인 면을 추구할 수 있어야 한다.

⑩ 육체의 고통에서 벗어날 수 있어야 한다.

⑪ 아픔에 대한 느낌과 감정을 자신의 방법으로 표현할 수 있어야 한다.

⑫ 어린이들도 죽음의 과정에 참여할 수 있어야 한다.

⑬ 죽음의 과정을 이해할 수 있어야 한다.

⑭ 평화롭고 존엄하게 죽을 수 있어야 한다.

⑮ 고독하게 죽지 않아야 한다.

⑯ 사후에 유체의 존엄성이 존중된다는 것을 알 수 있어야 한다.

케슬러의 저서 *The Needs of the Dying (Tenth Anniversary Edition)*은 이전까지 *The Rights of the Dying*라는 제목으로 출간되었던 책이다. 그가 제시한 내용을 보면 '죽음을 맞이하기 위해 필요한 것'이라고 번역하는 것이 무난하겠지만, 그는 죽음을 육체적으로만 정의하지 않고 정신적인 측면 그리고 정서적인 측면까지 함께 고려해야 한다는 점에서 '권리'라는 표현을 사용한 것 같다.

우리가 일상생활 속에서 인간으로서 누리고 대접받아야 하는 것들은 어떤 상황에 처하더라도 그리고 죽음을 앞두고 있더라도 예외일 수 없다. 이러한 것들은 당연히 요구할 수 있는 '권리'가 된다. 이것은 언제 죽을지 모르는 그러나 죽음은 어제도 오지 않았기에 오늘도 오지 않을 것이며 내일 또한 오지 않을 것이라고 생각하는 우리들이 '죽음을 맞이하기 위해 필요한 것'으로서 생각해야 하는 것들이다.

케슬러는 임종과정에 있는 사람을 정의하거나 지칭할 때, '죽음을 눈앞에 두고 있는'이라고 정의하는 것에 중점을 두는 것이 아니라 '인간'이라고 하는 점에 중점을 둔다. 전자에 주목하는 경우, 우리는 평상시 삶을 같이 향유하던 바로 그 대상이 아니라 그 사람이 처한 어떤 특수한 상황에 집중해버린다. 그리고 그 사람이 우리와 함께 삶의 공간에서 일상적인 관계와 교류를 하던 '바로 그 사람'이라는 사실을 자칫 잊을 수 있다는 점에서 환자의 '권리' 문제가 제기된다.

그런데 위 권리의 내용에서 '관심 내용은 바뀌더라도 여전히 희망을 가져야 한다.'는 내용이 약간의 혼란을 일으킬 수도 있을 것이다. 케슬러는 "희망은 낙관적인 요망이나 치료, 호전의 범주를 훨씬 넘어선다. 희망은 현재 우리의 일부이고, 생명의 일부이고, 죽음에서 없어서는 안 되는 부분이다."라고 말한다. 여기에서 희망은 죽음을 앞두고 절망에 빠지는 것이 아니라 마무리를 위한, 남은 여정을 위한 희망이다. 이것은 치료가 아니라 삶의 마무리를 위한 동인으로서의 희망인 것이다. 그는 책의 '제1장 살아있는 인간'에서 '희망의 힘'에 대해 다음과 같이 말한다.

"많은 희망과 무수한 선택 사항이 필요한 환자들도 있다. 그들은 다른 의사와 상담해야 할지도 모르며 다른 요법을 시도해 보거나 해외로 나가야 할지도 모른다. 생명이 위태로운 병에 걸렸다고 듣는 것만으로도 희망은 무너져 버린다. 죽음을 앞둔 사람은 자신이 오래 살지 못할 것이라는 사실이나 은퇴 후의 꿈을 이루지 못할 것이라는 사실, 생각했던 유명한 소설을 쓰지 못하거나 세계일주의 항해에 나설 수 없을 것이라는 사실, 손자들을 볼 수 없을 것이라는 사실, 자신의 아이들이 커가는 모습을 볼 수 없거나 아이를 가질 수조차 없을 것이라는 사실들과 마주 대해야 한다. 이러한 현실을 인식하게 되면 희망은 작아져 버린다. 우리는 죽음을 앞둔 사람들이 남은 희망의 끈을 놓지 않도록 도와줘야 한다."

케슬러가 퀴블러 로스 여사에게 죽음을 앞둔 사람들의 권리와 요구에 관한 내용을 저술하고 있다는 점을 말하면서 의견을 구했을 때, 로스 여사는 다음과 같이 말했다.

살아 있는 사람에 대한 올바른 대우를 잊지 않는다면, 죽음을 앞둔 사람의 권리를 명심해야 할 필요도 없겠지요. 그들이 원하는 바를 당연히 충족시켜줄 테니까요.

우리 사회에서도 '불필요한 연명치료'에 대한 환자의 선택 등 죽음을 앞둔 사람들의 권리를 말한다. 그리고 이에 대한 법적 권리를 별도로 제정하고 공적으로 활발한 논의를 펼치고 있다. 그런데 여기에 근본적인 물음을 제기해보자. 인간은 생명을 가진 존재로 대우받아야 하는 것이 당연함에도 그러한 대우가 임종과정에서는 왜 이뤄지지 못하는 것일까? 어쩌면 이 문제는 삶과 죽음을 생명의 과정에서 경험하는 인간에 대해 '죽음을 눈앞에 두고 있는' '인간'으로 구분함으로써 나타나는 것이 아닐까? 죽음의 문화는 삶의 문화와 구별되는 것이 아니다. 죽음 과정에서 나타나는 문제는 결국 삶의 문제이며 우리가 경험하는 일상의 문제이며 우리사회의 문제인 것이다.

죽음을 목전에 둔 사람들에게 그리고 그 가족이나 친구들에게 어떻게 말을 해야 하는지, 무슨 말을 해야 하는지 당혹스러울 때가 있다. 케슬러는 "침묵을 두려워할 필요가 없다. 우리가 언제 말로만 소통했던가? 미소와 손길만으로도 우리가 말하고자 하는 것들을 전달할 수 있다."고 조언한다. 그렇다. 마음속으로도 충분히 말할 수 있다. 손을 잡고 그냥 옆에 있기만 하더라도 충분히 그 마음이 전해질 수 있기 때문에 굳이 자리를 피하거나 불편해할 이유는 없다.

죽음을 앞두고 가족과 이별을 앞둔 사람 간에 또 다른 긴장의 관계가 생길 수도 있다. 언제 말해야 할까, 어떤 생각을 할까, 내가 그 뒷감당을 할 수 있을까, 보다 더 근본적으로는 이제 곧 죽는다는 말, 그 자체를 할수 있을까 등등.

케슬러는 이에 대해 가족이 어떤 반응을 보이더라도 말을 해야 한다고 말한다. 물론 여기에는 진실한 마음이 오가는 소통이 이뤄져야 하고 그런 관계가 전제되어야 한다. 그의 표현처럼 그 시간은 '신성한 시간'이기 때문이다.

4. 영화 〈이키루(生きる)〉에서 전하는 말

'이키루' … '살다'라는 뜻으로 해석되는 이 제목의 영화는 일본의 구로사와 아키라(黒沢明) 감독이 1952년도에 만든 작품이다. 생사학에서 관련 교육 자료로 추천할 때 빠질 수 없는 고전적인 영화이다.

시청에서 시민 과장으로 근무하는 주인공 와타나베(渡辺)는 매일 책상 위에 쌓인 서류들을 아무런 표정도 없이 도장을 찍으며 시간을 보낸다. 그러던 어느 날, 몸 상태가 좋지 않음을 느끼고 병원 진찰을 받게 된다. 의사는 가벼운 위궤양이라고 알려주지만 사실은 이미 수술을 할 수도 없을 정도로 암이 진행된 상태였다. 그는 자신의 상태가 얼마 남지 않았다는 것을 느끼면서 자신의 삶과 지난 과정들을 돌이켜 본다. 무의미하게 술과 게임 등으로 돈을 써보지만 허탈감만 더할 뿐이다. 아내를 먼저 보내고 혼자 키웠던 아들은 며느리와 함께 일탈을 시도하는 그를 받아들이지 못한다. 오히려 그가 저축한 돈과 연금에 대한 우려를 표현할 뿐이다. 그런 가운데 시청에서 같이 근무했던 여직원을 우연히 만나면서 와타나베는 자신의 상황 속에서 삶의 의미를 찾으려고 한다. 그녀는 같이 근무했던 사람들의 별명을 그에게 들려주며 와타나베의 별명은 '미라'라고 말해준다.

와타나베는 자신의 삶이 얼마 남지 않았다는 것을 알았을 때, "눈앞에 아무 것도 보이지 않고 잡을 것도 없어… 난 혼자야."라는 느낌을 받았다고 고백한다. 그리고 장난감 공장으로 직장을 옮긴 여직원에게서 힘찬 생명력을 느끼며 그 이유를 묻는다. 그녀는 태엽을 감으면 움직이는 토끼 장난감을 보여주며 말한다.

"저는 단지 이런 걸 만들 뿐이에요. 이런 걸 만들 때 애들과 친구가 된 기분이 들어요. 과장님도 무언가를 만들어 보는 것이…"

"시청에서 무엇을… 늦었어… 늦지 않았어. 할 수 있어. 나도 뭔가 할 수 있어."

와타나베는 마을 사람들이 하수구 파이프 문제로 환경에 영향을 미치던 땅을 공원으로 만들어 달라고 하던 민원을 떠올리고 그 일을 해결하고자 나선다. 자신이 토목과로 넘겼던 그 건은 시청의 공원과, 보건소 등 거의 모든 부서들을 거치면서 계속 미해결로 남아 있었다. 그는 자신이 직접 관련 부서장들을 만나면서 설득한다.

공원이 만들어지고 얼마 뒤, 그는 공원의 그네에 앉아 죽음을 맞는다. 주위를 지나던 경관은 읊조리듯 노래를 부르는 그의 모습이 마음을 울리는 듯했고 그는 행복해 보였다고 전해준다. 장례식장에 모인 직장 동료들은 그가 왜 마지막까지 그렇게 공원 만드는 일에 몰두했는지에 대해 이야기한다. 한 직원은 와타나베와 함께 공원 예정지가 보이는 고가를 지날 때, 하늘을 보며 혼잣말을 하듯이 내뱉었던 그의 말을 떠올린다.

"아름답군. 정말 아름다워. 이 아름다운 걸 30년 동안 모르고 살았다니… 하지만 이젠 이럴 시간이 없어."

그의 이야기를 들으며 동료들은 와타나베가 죽음을 앞두고 있었기 때문에 그렇게 열정을 가지고 공원을 만들고자 했다는 것을 알게 된다.

랍비 부남(Bunam)은 죽음을 앞두고 "죽는 방법을 배우기 위해 나의 삶이 주어진 것"이라고 담담하게 말한다. 우리는 죽음을 인식함으로써 주어진 삶의 시간 속에서 의미를 추구하게 된다. 〈이키루〉에서 와타나베는 죽음이라는 시련을 통해 '미라'와 같은 일상의 무의미한 삶에서 의미를 찾는 삶으로 전환한다. 살아야 하는 이유를 안다면 어떤 상황이든 견뎌낼 수 있다는 니체의 말처럼, 와타나베는 삶의 의미와 목적을 통해 자신의 존재를 스스로 드러냈다.

5. 전해야 할 말

아이라 바이오크(Ira Byock) 박사는 의사로 일하면서 죽음을 가까이에서 경험한 내용을 바탕으로 『아름다운 죽음의 조건(The Four Things That Matter Most)』이라는 책을 저술했다. 그는 사람들이 자신의 죽음을 경험하게 될 때, 가장 귀중한 것은 '사람'이라는 사실을 깨닫게 된다고 한다. 그리고 호스피스 병동에서 많은 사람들이 생전에 해야 할 말들을 전하지 못한 것을 후회하는 경우가 많다고 증언한다. 사랑하는 사람들끼리는 굳이 마음을 표현하지 않아도 잘 알 것이라고 생각하지만, 서로에게 그것을 잘 전달하지 못하면 아쉬움과 후회가 마음 깊숙이 남게 된다는 것이다.

아이라 바이오크 박사는 아름다운 죽음의 조건은 '용서', '감사', '사랑' 그리고 '작별인사'이며, 아름다운 죽음을 맞이하기 위해서는 전해야 할 말들을 전할 수 있어야 한다고 말한다. 용서는 남과의 벽을 허물고 감사는 그 간격을 넘어 소통하는 것이며 사랑은 함께 하는 것이다. 작별인사에는 이 모든 것들이 담겨있어서 우리들 마음속에 울림을 전한다. 이러한 내용들은 다음에 소개되는 부모가 자식을 보내면서, 어머니가 떠나면서 자식들에게 그리고 27세의 젊은 여성이 세상을 향해서 전해주는 '말'을 통해서도 잘 나타난다.

1) 당신을 만날 수 있어서

1999년 늦은 가을, 일본의 한 생명보험회사에서 시청자들을 대상으로 '행복한 순간'이라는 사진 콘테스트를 진행한 적이 있다. 이 행사에 응모한 작품들은 '당신을 만날 수 있어서(あなたに会えて)'라는 시리즈로 편집되어 TV광고로 만들어졌다. 커플, 부부, 아이, 친구 등 웃음과 미소로 가득한 사진들이 일본의 국민 가수라고 불리는 오다 가즈마사(小田和正)의 노래와 함께 방송되었다. 그런데 그 가운데 특히 '단 하나의 보물(たったひとつのたからもの)'이라는 제목으로 응모한 작품이 사람들의 눈길을 끌었다. 잔잔한 미소를 띤 어린 아이를 꼭 껴안고 있는 아버지의 사진… 사진의 초점은 두 사람에게 맞춰져 있고 흐릿하게 보이는 해변에 연이어진 흰 파도를 통해 바다를 배경으로 찍었다는 것을 짐작하게 된다. 그리고 이후에 이 가족에 대한 이야기는 별도의 광고를 통해 일본 전역에 방영되어 감동을 준다.

> 1992년 10월 19일,
> 신께서 주신 선물이 도착했습니다.
>
> 태어난 계절인 '아키(가을)'와
> 남편이 좋아하는 '유키(눈)'를 합쳐서

'아키유키'라고 이름을 지었습니다.

태어난 지 한 달 만에 다운증후군으로 판명.
합병증이 원인이었고,
1년 정도 남았다는 시한부 선고를 받았습니다.

"감기라도 걸리면 끝…"이라는 말에 항상 조심하며 살았습니다.
그래도 조금씩 커가는 모습을 보는 기쁨,
무엇을 보더라도 무엇을 하더라도
당신에게는 기뻐보였습니다.

3세, '이즈미학원' 입학.
운동회. 한 발 한 발
마지막을 향해 나아갔습니다.

살아야 해…
그저 힘껏 살아야 해.

아키유키와 보냈던 6년의 나날들.
당신을 만나지 못했다면 알지 못했을 것…

고마워요.

16장의 사진들과 함께 소개되는 위의 내용을 통해 아키유키와 그의 가
족들이 어려운 상황 속에서도 어떻게 '행복한 순간'들을 만들어 갔는지 가

습으로 느끼게 된다.

아키유키의 어머니는 임신한 상태에서 출산일 가까이까지 근무를 해야 했다. 임신중독증이 심각해져서 조기출산까지 염려하던 상황이었지만 다행히 자연분만을 하게 되었다. 그러나 아키유키는 중증 심장 장애 진단을 받았고 이어서 이뤄진 염색체 검사에서도 다운증후군이란 진단을 받게 된다. 심장질환에 대해서는 수술을 받는 방법이 있었지만, 수명에는 별다른 차이가 없고 발달에 차이가 있는 정도였기 때문에 부모는 수술을 하지 않는 것으로 결정한다. '이것이 운명이라면 확실하게 받아들이자. 이제 더는 괴로워하지 말고 그 길을 가자.' 부모의 마음을 아는 듯이 아키유키는 의사가 예상했던 1년을 넘기고 위험한 상황들도 잘 넘겼다.

3년 뒤, 아동의 발달을 지원해주는 이즈미학원에 입학했다. "아키유키는 목숨을 걸고서 다시 내 곁으로 돌아와 주었다."는 부모의 표현처럼 위험한 시기를 잘 견뎌냈다. 학원에서는 매년 가을이면 운동회를 개최한다. 아키유키는 처음 참여했던 운동회에서 플라스틱 장애자용 차를 타고 달렸고, 2년째는 선생님과 함께 달렸고, 3년째는 선생님의 손바닥에 의지하고 혼자 마지막까지 달렸다.

그해 겨울방학을 맞이하면서 열린 크리스마스 파티에서 아키유키는 빨간색 옷을 입고 친구들과 춤과 노래를 함께 했다. 그것은 그가 학원 선생님들과 친구들에게 남겨준 '마지막 선물'이었다. 그리고 다음해, 신년을 맞이한 지 사흘째 되는 날 세상을 떠났다.

말로 다할 수 없어요.
당신을 만날 수 있어서 정말로 좋았어요.

기뻐서 기뻐서 말로 다할 수 없어요.

당신을 만날 수 있어서…

오다 가즈마사의 '말로 다할 수 없어(言葉にできない)'란 노래가 함께 어우러지면서 표현되듯이 아키유키를 대하는 가족들과 주위 사람들의 반응은 감사였다. 아키유키의 어머니인 가토 히로미(加藤浩美)는 그의 아들과 함께했던 시간을 『단 하나의 보물』이라는 책을 통해 소개하면서 마무리에 아들에 대한 감사의 마음을 다음과 같이 전한다.

지금 현재를 즐겁고 건강하게 지내는 것,
그것이 가장 소중하고 기뻐해야 할 일이었다.
아키유키와 함께 사는 동안 내가 깨달은 것이다.
지금의 생명을 온몸으로 감사하라고…

순간순간 전속력으로 끝을 향해 질주하던
아키유키의 생명이 '힘껏'이라는 말을 가르쳐 주었다.
아키유키는 우리가 다 품어 안을 수도 없을 만큼
넘치는 행복을 우리에게 남겨 주었다.

2) 14줄의 유언장

2017년 12월을 마무리하던 날, 신문이나 인터넷 매체에 한 유언장이 공개되었다. 난소암 진단을 받은 70대의 어느 어머니가 호스피스 병동으로 옮기면서 자식들 몰래 쓴 14줄의 유언장이었다.

"자네들이 내 자식이었음이 고마웠네."

자네들이 나를 돌보아 줌이 고마웠네.
자네들이 세상에 태어나 나를 어미라고 불러주고,
젖 물려 배부르면 나를 바라본 눈길에 참 행복했다네…
험한 세상 속을 버틸 수 있게 해줌도 자네들이었네.

병들어 하느님 부르실 때,
곱게 갈 수 있게 곁에 있어줘서 참말로 고맙네…

자네들이 있어서 잘 살았네.
자네들이 있어서 열심히 살았네…

딸아이야… 맏며느리, 맏딸 노릇 버거웠지?
큰애야… 맏이 노릇 하느라 힘들었지?
둘째야… 일찍 어미 곁 떠나 홀로 서느라 힘들었지?
막내야… 어미 젖이 시원치 않음에도 공부하느라 힘들었지?

고맙다. 사랑한다. 그리고 다음에 만나자.

이 유언장을 작성한 나 씨는 난소암을 진단받아 1년가량 투병생활을 하다가 결국 암 말기 진단을 받고 호스피스 병동으로 옮기게 되었다. 그 과정에서 그녀는 자식들의 마음을 헤아려 몰래 글을 남긴 것으로 보인다. 나 씨는 40대 초반에 공무원이었던 남편을 암으로 먼저 보내고 혼자 3남

1녀인 자식들을 키웠다고 한다. 글은 감사의 인사와 함께 모든 자식들을 일일이 언급하며 고마움과 위로, 그리고 자신이 마지막으로 편안히 눈을 감을 수 있게 된 것에 대한 감사를 전한다.

자식들이 장례식장에서 어머니의 유언장을 읽었을 때, 그 자리에 참석했던 사람들은 감동의 눈물을 흘렸다고 한다. 우리가 가정과 학교, 사회 등 인간관계에서 겪게 되는 일들을 그 어머니는 일일이 위로하고 그것을 가족이라는 관계 속에서 녹여주었다. 그 짧은 유언장에는 세상의 모든 부모가 간직하고 있는 마음이 그대로 드러나 보인다. 가족이라는 이름으로 느끼는 감사의 마음을 오히려 가족이기 때문에 제대로 전하지 못하고 있다면 이제는 나타내고 표현해야 하지 않을까?

3) 27세 여성이 전하는 마지막 편지

스물여섯이라는 나이에 자신의 죽음을 깨닫고 받아들인다는 것은 낯선 일입니다. 우리는 그런 일을 무시하죠… 나는 늙고 주름지고 백발이 될 때까지 살 것이며, 사랑하는 사람과 아름다운 가정을 이루고 많은 자식들과 함께 할 것이라고 늘 상상하곤 했습니다....삶은 그런 것입니다. 깨지기 쉽고 소중하고 예측할 수 없기에, 살아가는 하루하루는 선물입니다. 주어진 권리가 아닙니다……

이 글은 2018년 1월 4일, 홀리 붓쳐(Holly Butcher)라는 오스트레일리아의 여성이 자신이 죽은 뒤에 페이스북에 올려달라고 요청하며 가족에게 남긴 편지의 첫 부분이다. 평소에 건강했던 그녀는 일 년 전에 몸에 이상을 느끼고 병원을 찾았다가 유잉 육종(Ewing's sarcoma)이라는 희귀암을 앓고 있다는 진단을 받았다. 이 병은 뼈에 악성 종양이 생기는 질병으로 20대 이하의 연령층에서 발생하는 것으로 알려져 있다. 그녀는 1년 동안의 투병생활과 죽음을 마주하면서 느꼈던 삶의 의미를 많은 사람들에게 전하고자 했다.

오늘 교통 체증 때문에 시달렸을 수도 있고, 사랑스런 아기가 깨우는 바람에 잠이 부족했을 수도 있고, 미용사가 머리를 너무 짧게 잘랐을 수도 있을 것입니다. 인조손톱에 금이 갔을 수도 있고, 가슴이 작거나 뱃살이 출렁거린다고 마음에 들지 않을 수도 있을 것입니다.

그런 사소한 것들에 대해 신경쓰지 마세요. 맹세하건데, 당신이 죽음을 맞이하게 될 때, 그러한 것들에 대해서는 생각나지도 않을 거예요. 삶 전체로 본다면, 그러한 것들은 그다지 중요한 것들이 아닙니다…

건강에는 육체 그 이상의 측면이 있다는 점을 기억하세요. 정신적이고 정서적이고 영적인 행복도 찾을 수 있도록 힘껏 노력하세요…

경험을 위해 돈을 사용하세요. 적어도 물질적인 사소한 것들에 돈을 낭비하면서 경험을 얻을 기회를 놓치지는 마세요…

헌혈 덕분에 나는 생명을 일 년 더 유지할 수 있었습니다. 이 일 년을 가족들과 친구, 나의 애완견과 함께 이 땅에서 살 수 있었다는 점에 대해 영원히 감사를 드립니다. 내 인생 최고의 한 해였습니다.

27세에 마지막 삶을 마감하면서 홀리는 우리에게 소셜 미디어나 남들의 평가에 따라 사는 것보다 자신의 행복을 스스로 만들어 갈 것을 권한다.

그녀는 사소한 것들에 신경을 쓰면서 하루하루를 부정적으로 보내지 말고 보다 의미 있는 시간을 보내라고 말한다. 몸은 남들이 완벽하다고 평가하는 몸매가 아니라 현재 숨을 쉬며 살아가고 움직이는 것이기 때문에 소중하다는 평범하면서도 귀한 가르침을 전해 준다. 그녀는 삶의 의미를 거창한 것에서 구하지 않는다. 가족과 함께 시간을 보내는 것, 다양한 경험을 하고 자신이 진정으로 원하는 일들을 하는 것, 남의 시간을 존중해주고 헌혈을 통해 남을 도울 수 있는 것 등 소박한 것들을 언급함으로써 삶의 의미는 바로 일상의 삶에서 이뤄지는 것임을 말한다. 그리고 이 모든 것을 감사의 인사와 말을 통해 전해 준다.

〈참고문헌〉

가토 히로미, 『단 하나의 보물』, 한성례 옮김, 국일미디어, 2004.
마르틴 하이데거, 『존재와 시간』, 소광희 옮김, 경문사, 1995.
시미즈 데쓰로, 「일본에서의 임상사생학과 임상윤리학의 교차」, 『죽음을 두고 대화하다』, 한림대학교 생사학연구소 엮음, 모시는 사람들, 2015.
아이라 바이오크, 『아름다운 죽음의 조건』, 곽영단 옮김, 물푸레, 2010.
양정연, 「초기 경전에 나타난 선종의 의미」, 『선문화연구』 제15집, 2013.
줄리언 바지니, 『빅 퀘스천』, 문은실·이윤 옮김, 필로소픽, 2011.
케네스 폴 크레이머, 『죽음의 성스러운 기술』, 양정연 옮김, 청년사, 2015.

Kessler, David, *The Needs of the Dying(Tenth Anniversary Edition)*, Harper, 2007.

02 죽음은 벽인가, 문인가?

정현채

로마의 철학자인 키케로는 "지혜로운 사람에게는 삶 전체가 죽음에 대한 준비이다"라고 했다. 죽음을 내포하고 있는 생명의 본질과 삶의 의미에 대해 깊은 인식에 이르게 되면, 살면서 부딪히게 되는 고난과 역경을 이제까지와는 정반대의 시선으로 바라보게 된다. 자신에게 주어진 여러 모습의 어려운 상황과 여건들을 오히려 영적인 성장의 기회로 껴안게 되고, 보잘 것 없어 보이는 작고 평범한 것에서도 감사함을 느끼게 된다.

죽음의 자리에서 종종 일어나는 중요한 영적인 현상인 근사체험과 삶의 종말 체험에 대한 이해는, 우리는 죽음으로 소멸되는 것이 아니며, 우리 모두가 영적인 존재라는 자각으로 이끈다. 나아가 영적으로 서로 연결되어 있다는 유대감과 영속성에 대한 인식은, 천둥과 번개의 실체를 파악한 뒤부터는 공포감으로부터 벗어날 수 있었듯이, 죽음에 대한 두려움을 덜어 줄 것이다.

1995년 6월 29일 삼풍백화점이 붕괴하면서 501명이 사망하였고, 바로 전 해인 1994년 10월 21일에는 성수대교 중간이 끊어져 내려앉는 바람에 출근하던 직장인과 학생 30여 명이 사망하였다. 그런데 사망한 사람 중 어느 누구도 자신이 곧 죽게 되리라는 걸 미리 알고 있었던 사람은 없었을 것이다.

길모퉁이를 돌아서면 죽음을 마주치게 되는 날이 내일일지, 1년 후일지, 아니면 십년 후일지 아는 사람은 아무도 없다. 그렇기 때문에 언제 닥칠지 모를 자신의 죽음에 대해 평소에 늘 성찰하고 준비해야 하는데도, 우리들 대부분은 귀를 막고 눈을 감은 채 정신없이 살아간다. 오늘이 내 생애의 마지막 날일 수도 있다고 생각하면, 그 귀한 시간을 미워하고 싸우느라 허비할 수 없게 되고, 일 분 일 초를 의미 있게 쓰려고 노력하게 되지 않겠는가?

1. 죽음을 어떻게 바라볼 것인가?

우리나라 영화 〈내 사랑 내 곁에〉는 루게릭병에 걸린 주인공이 점차 사지가 마비되면서 맞게 되는 임종을 잘 그리고 있다. 장례지도사인 여자 친구는 바람직한 죽음 문화의 정착을 위해 입관체험 행사를 열면서 경로 당 노인들에게 관 속에 들어가 볼 것을 권유하지만, "이게 지금 나보고 죽어 보라는 거야, 뭐야? 노인네들 모아 놓고 희롱하는 거야? 뭐야 도대체?" 하는 폭언과 함께 폭행까지 당한다.

"형제 벗이 많다 헌들 어느 누가 내 대신 갈거나? 이승의 이 길을 하직하고 저승에 갈라니 내 못가겠다. 일만 하다가 나는 가오. 일만 하다가 갈라고 허니 못 가겠소 못 가겠소. 참말 원통해 못 가겠소."

이 노랫말은 1988년 전남 완도에서 채록된 상엿소리의 일부인데, 죽음은 삶의 일부분이며 마지막 성장의 기회여서 삶을 잘 마무리해야 한다는 내용은 전혀 없고, 개똥밭에 굴러도 이승이 낫다는, 지극히 현실주의적이고 물질주의적인 우리나라 사람들의 가치관을 고스란히 드러내고 있다.

이처럼 우리나라 사람들이 죽음에 대해 보이는 반응은 무관심과 부정, 회피 그리고 혐오인 경우가 많다. 젊고 몸이 건강할 때, 좋은 죽음이란 어떤 것이며 자신의 죽음을 어떻게 맞이할 것인가 하는 문제에 대해 생각해 보면서 사는 사람은 손에 꼽을 정도인 것 같다. 종교학자인 이화여대의 최준식 교수는, 우리나라 사람은 평소에 죽음에 관해 완전히 방치된 상태로 있다가 본인이나 가족의 죽음이 닥치면 벌렁 나자빠진다고 말한다. 〈그림 1〉*

---

* 건강할 때 유언장을 작성하고 사전의료의향서를 준비해 놓아야 하는데 이런 사안을 얘기하면 재수 없다고 아주 싫어한다. 그만큼 죽음에 대해 무관심하고 죽음을 부정하며 외면과 혐오의 감정으로 대하기 때문이다. 그러다가 본인이 암, 특히 말기암이라도 진단받게 되면 그때는 주변에서 이런 사안에 대해 말 한마디도 꺼낼 수 없게 된다. 어느 종교학자는 "우리나라 사람들은 평소 죽음에 대해 완전히 방치돼 있다가 죽음이 닥치면 벌렁 나자빠진다."라고 말하는 데 적절한 표현이라고 생각한다.

죽음에 대한 한국인의 태도

부정
혐오

무관심
외면

준비 안 된
죽음

• 사전의료의향서
• 유언장 작성

좋은
죽음

〈그림 1〉

　그런데 죽음에 대한 이러한 태도는 외국의 경우도 크게 다르지 않은 모양이다. 프랑스 영화 〈여름의 조각들(Summer Hours)〉은, 어머니의 75세 생신을 축하하기 위해 두 아들과 딸 그리고 손자손녀들이 모이는 장면으로 시작된다. 어머니는 언제 닥칠지 모를 자신의 죽음에 대비하려고 장남에게 유품의 정리와 인계에 대해 얘기하지만, 죽음에 대해 언급하는 것조차 불편하게 받아들이는 장남은 강한 거부감을 보이며 어머니의 얘기를 흘려버린다. 생일잔치가 끝나고 자녀들이 떠난 후 혼자 남겨진 어머니는 쓸쓸하게 독백을 한다.

　"죽는 얘기… 당연히 할 말인데… 내가 떠날 땐 많은 것들이 함께 떠날 거야. 기억들, 비밀들… 사랑하는 모든 것들을 언젠가는 떠나보내야 해."

　그 후 얼마 지나지 않아 어머니의 부고를 듣고 달려온 장남은 묘지 자리를 둘러보고 돌아오는 길에 차를 세운 채 흐느껴 운다. 몇 번이고 더 생일

잔치를 해드리게 될 줄 알았지만, 그런 날은 다시는 오지 않게 된 것이다. 부모가 머지않아 맞게 될 자신의 죽음에 대해 자식에게 준비시키고 싶어 하지만 자식이 받아들이지 않는 현실을 이 영화는 보여 준다.

한편, 우리 현실에는 이와 정반대의 상황도 많다. 웰다잉 책을 읽고 인터넷 서점 감상평에 글을 올린 어느 독자는 "고혈압에 의한 합병증으로 어느 날 갑자기 장애인이 되셔서 불편한 몸으로 살아가시는 아버지께 농담 반 진담 반으로 이제는 미리 유언장도 작성해 놓으시고 마음의 준비도 하시라고 말씀드리면 버럭 화를 내시곤 한다. 이 책을 읽고 아버지께서 죽음을 두려워하지 않으시기를 마음속으로 기도해 본다."라고 했다.

요즘은 꽤 많은 사람들이 자신의 집이 아닌 병원의 중환자실에서 죽음을 맞는다. 죽음을 바라보는 사회적 시각의 변화가 그대로 반영된 것이라고 볼 수 있다. 수십 년 전만 하더라도, 세상을 떠나는 가족의 마지막 삶을 가족 구성원이 옆에서 보살피고, 할아버지나 할머니의 죽음을 손자와 손녀가 다 지켜보는 등, 죽음이 일상사에 포함되어 있었다.

미국의 사진작가 유진 스미스의 1951년 작품 〈후안 라라의 장례식〉에는, 가족과 가까운 친지들에 둘러싸인 채 임종을 맞는 노인의 모습이 담겨 있다. 이런 광경은, 수십 년간 같이 살아 온 가족과 격리된 채 대형병원의 중환자실에서 외롭게 삶의 마지막 시간을 보내고 세상을 떠나는 현대인의 모습과 크게 대조된다.

1347년 유럽 전역을 휩쓸었던 흑사병으로 인해 7500만 명, 그러니까 당시 유럽 인구의 1/4이 사망했다. 실정이 이렇다 보니 교회에서도 일일이 다 성직자를 보내 줄 수 없었는데, 15세기에 윌리엄 캑스턴이라는 출판업자가 〈죽음의 기술〉이란 제목으로 책을 찍어 내어 각자 임종을 잘 맞이하는 법을 알려주었다. 또 중세 유럽에서는 전염병 등에 의한 죽음이 흔했기 때문에, "너도 언젠가는 죽는 것을 기억하라"는 뜻의 '메멘토 모리' 사상이 유행했다.

이러던 분위기가, 20세기에 들어서 과학이 발달하고 유물론이 우세해지며 생명연장 의료기술이 발달함에 따라, 죽음을 터부시하는 방향으로 흐르게 된다. 의료진도 죽음을 삶을 마무리하고 정리하는 중요한 한 단계로 보지 않고, 의료의 패배나 실패로 보는 경향이 짙어지게 되었다. 환자와 가족 모두에게 고통만을 주게 되는 무의미한 연명치료에 환자의 가족이나 의료진이 매달리는 것도 이러한 가치관의 영향이 크다고 볼 수 있다.

가족의 마지막 시간을 돌보는 일을 병원에서 대신하게 된 까닭에, 죽음이 임박한 환자가 보이는 증상을 잘 모르는 경우가 대부분이다. 죽음이 가까워 오면, 소변 배출량이 감소하고, 호흡 변화와 함께 가래 끓는 소리가 나며, 혈액 순환 장애로 피부에 푸른빛이나 자줏빛 반점이 나타난다. 또 떨림, 진전, 발작, 근육경련이나 정신 착란 등의 증상을 보이기도 한다.

이때 정신 이상 증세를 보이면, 병원에서는 뇌 MRI 같은 정밀 검사를 한다거나 간질을 억제하는 주사약을 투여하게 된다. 환자의 죽음이 임박했다는 것을 예측하는 상황이어도 의료진은 어떻게든 치료를 할 수밖에 없는데, 그렇게 하지 않았을 경우 의료진이 살인죄로 환자의 가족들에게 고소당하는 일이 종종 벌어지기 때문이다. 오랫동안 옆에서 간병을 해온 가족들은 상황을 다 파악하고 받아들이지만, 평소에 얼굴 한 번 비치지 않던 가족이 갑자기 나타나 큰 소리를 치거나 의료진을 위협하는 일이 심심치 않게 일어난다.

2. 죽음을 대하는 여러가지 태도

사람들은 일반적으로 죽음과 관련된 단어를 보거나 듣는 것조차도 재수 없다고 여기거나 너무 두려워 외면하는 경우가 많다. 그런데 과연 죽음이란 것이 그렇게 외면하기만 하면 자신과 무관해지고 피할 수 있는 일일까?

철학을 전공한 유호종 박사는 〈죽음에게 삶을 묻다〉에서, 죽음을 똥으로 볼 것인가 또는 된장으로 볼 것인가에 따라 죽음을 대하는 태도가 전혀 달라진다는 점을 얘기하고 있다. 둘의 공통점은 그 냄새가 몹시 이상하다는 점이다. 마음 수양을 아무리 오래 했어도 똥을 한 숟가락 퍼서 입에 넣고 구수하다고 생각할 수는 없기에, 만일 죽음이 똥과 같은 것이라면, 그날이 오기 전까지는 절대로 생각을 하지 않고 지내는 것이 상책일 것이다. 그러나 된장은 처음에는 냄새가 고약하지만 찌개를 해서 먹어 보면 아주 맛있는 음식이라는 것을 알게 되듯이, 죽음이 된장과 같은 것일 가능성이 있지 않겠는가 하고 묻는다.

또 많은 사람들은 죽음이 TV를 보다가 전원이 꺼져 화면이 깜깜해진 상태와 같다고 생각하는데, 그게 아니라 죽음은 이제까지 보던 채널과는 다른 채널을 보게 되는 것과 같은 게 아닌지 생각해 보자고 제안한다.

필자의 오랜 임상 경험으로 볼 때, 말기암으로 인한 극심한 통증으로 괴로운 나날을 보내다가도 임종 직전과 직후에는 얼굴 표정이 평화로운 것을 보면, 죽음은 똥보다는 된장일 가능성이 더 많아 보인다. 그리고 유호종 박사가 죽음을 TV의 다른 채널로 옮겨 가는 것에 비유했는데, 우리를 구성하는 본질이 파동이라는 사실에 비추어 본다면 무척 설득력이 있어 보인다.

3. 죽음은 꽉 막힌 벽인가, 열린 문인가?

일본 영화 〈굿' 바이(good & bye)〉는, 오케스트라의 첼로 연주자인 주인공이 악단이 갑자기 해체되는 바람에 실직한 후 고향에 내려가 일자리를 찾던 중, 여행 도우미를 구한다는 광고를 보고 찾아간 곳이 사실은 '영원한 여행' 도우미, 즉 시신을 염습해 입관하는 일을 하는 곳이었고, 보수를 후하게 줄 테니 함께 일하자는 사장의 제안을 엉겁결에 받아들인 후 염습사로서 겪게 되는 여러 에피소드들을 가슴 뭉클한 감동과 함께 보여준다.

주인공의 어릴 적 친구 어머니가 갑작스럽게 사망하고, 주인공의 경건하고도 정성을 다한 염습을 마친 후 시신은 화장터의 화장로로 옮겨지는데, 고인의 오랜 친구이자 긴 세월 화장로의 불을 지피는 일을 해 온 노인은, 뒤늦은 후회로 흐느껴 우는 고인의 아들에게 슬픔을 누르며 이야기한다.

"여기 화장터에서 오래 일하면서 알게 됐지. 죽음은 문이야. 죽는다는 건 끝이 아니야. 죽음을 통과해 나가서 다음 세상으로 향하는 거지. 난 문지기로서 많은 사람을 배웅했지."

미국에서 발간된 방대한 내용의 죽음학 책, 〈The Last Dance; Encountering Death and Dying(생의 마지막 춤: 죽음, 죽어감과 대면하기)〉의 서문에서도, 죽음을 벽으로 볼 것인지 문으로 볼 것인지의 관점에 대해 질문을 던지고 있다. 죽음을 꽉 막힌 벽으로 여길 것인지 아니면 벽에 나 있는 문으로 여길 것인지에 따라, 삶을 살아가는 태도와 방식이 크게 달라진다. 중세의 바니타스 그림 등을 보면, 죽음을 벽으로 보는 당시 사람들이 느꼈을 삶의 허무함과 덧없음과 공포를 여실히 엿볼 수 있는 데 반해, 영화 〈굿바이〉의 노

인처럼 죽음을 문으로 보는 죽음관은 우리의 일상생활에 긍정적이고도 심대한 영향을 끼친다. 〈그림 2〉*

〈그림 2〉

스위스 출신의 정신과 의사이자 분석심리학을 창시한 칼 구스타브 융은 그의 수제자였던 폰 프란츠여사를 통해 "죽음은 사라지는 게 아니라 알 수 없는 세계로 가는 것이다"라는 말을 남겼다. 또한 융 자신도 생전에 썼던 편지에서, "죽음의 저편에서 일어나는 일은 말할 수 없이 위대해서 우리의 상상이나 감정이 제대로 파악하기조차 어렵다"고 했다.

---

* 죽음은 꽉 막힌 벽이 아니라 열린 문으로서 다른 차원으로 이동하는 통로이다. 이를 뒷받침하는 것이 죽음 그리고 죽어감과 관련해 일어나는 영적인 현상인 근사체험과 삶의 종말체험이다.

4. 의학연구로서의 근사체험

그런데 '죽음의 저편'에서 일어나는 일에 대해 조금이나마 엿볼 수 있는 기회가 1970년대 중반부터 열리기 시작했다. 세계를 유물론적으로 해석하는 현대 과학과 의학 기술이 발전하면서 아이러니하게도 소위 비과학적인 영역이 베일을 벗기 시작한 것이다. 심폐소생술이 발전하게 되면서, 심장과 호흡이 멎었던 사람들이 다시 살아나는 일이 생겼고, 이들 중 일부가 자신이 죽어 있던 동안 경험한 '근사체험' 혹은 '임사체험(Near death experience)'을 보고하기 시작했다.

이에 관한 연구의 물꼬를 튼 사람은 미국의 정신과 의사인 레이먼드 무디 주니어이다. 그는 원래 철학과 심리학을 전공한 후 대학에서 철학을 가르치던 교수였는데, 이런 체험을 한 학생들과 주위 사람들을 여럿 만나게 되면서 이를 본격적으로 연구하기 위해 의과대학에 들어갔고, 후일 정신과 의사가 되는데 이 과정 중에 근사체험자 150명을 8년간에 걸쳐 면담한 후 1975년에 낸 책이 〈다시 산다는 것(Life after Life)〉이다.

스위스 출신의 정신과 의사로서 죽음학의 효시로 알려진 엘리자베스 퀴블러 로스 박사는, "인간의 육체는 영원불멸의 자아를 둘러싸고 있는 껍질에 지나지 않는다. 따라서 죽음은 존재하지 않고 다른 차원으로의 이동일 뿐이다."라고 일관되게 주장했다. 어린이 환자를 비롯한 수많은 환자들이 임종 때 경험하는 공통된 현상과 연령, 성별, 인종, 종교의 유무나 종류에 무관하게 일어나는 근사체험을 수십 년간 관찰해서 얻은 결론이었다. 〈사후생(死後生, On life after death)〉에는 근사체험과 삶의 종말체험의 수많은 사례들이 쓰여 있다.

평소 로스 박사는 죽어가는 어린이 환자들을 돌볼 때면 고치 벌레 형태로 있다가 뒤집으면 날개가 달린 아름다운 나비로 변하는 헝겊인형을 늘 갖고 다녔는데, 이 인형을 통해 비유적으로 죽음을 설명해 주면서 임종이 임박한 어린이들을 위로했다고 한다.

그리고 2004년 타계했을 때 그녀의 장례식에서, 사회자의 안내에 따라 모든 참석자가 들고 있던 봉투를 열어 그 속에 들어 있던 형형색색의 나비들을 일제히 날려 보냈다는 유명한 일화는, 생전에 그녀가 갖고 있던 죽음에 대한 생각을 그대로 보여 준다.

로스 박사는 우리나라에서는 〈인생수업〉, 〈상실수업〉, 〈생의 수레바퀴〉라는 베스트셀러의 작가이기도 하고, 그녀가 제창한 '죽음을 받아들이는 다섯 단계'는 유명한 이론으로 우리나라에도 잘 알려져 있으며, 미국의 시사 주간지인 〈타임 TIME〉지에서 20세기 100대 사상가 중의 한 사람으로 선정되기도 했다.

〈사후생〉에 소개된 근사체험의 한 사례를 소개한다. 심장과 호흡이 정지해 사망 판정을 받은 뒤 심폐소생술로 회생한 어린이가 자신이 죽어 있던 동안 경험한 것을 어머니에게 이야기한다. "너무 아름다운 경험을 했기 때문에 되돌아오고 싶지 않았어요. 그곳에는 모든 것을 감싸는 포근함과 놀라운 사랑, 그것을 실어 나르는 빛이 있었어요. 게다가 오빠가 있어서 자상하게 잘 대해 줬어요. 그런데 나는 오빠가 없잖아요?" 아이의 이 말에 어머니는 울기 시작하면서 "한 번도 얘기를 못해 줘 미안하구나. 사실은 네가 태어나기 3개월 전 죽은 네 오빠가 있었단다." 라고 진실을 얘기해 준다. 이 아이는 자신의 오빠가 있었다는 사실을 전혀 모르고 있다가 죽어 있던 짧은 순간에 오빠를 만난 것이다. 이러한 현상은 근사체험에 대한 회의론자들이 얘기하는 환상이나 환각, 꿈 등으로는 도저히 설명되지 않는다.

심장박동이 멈추어 뇌로 피가 흘러가지 않으면 10-20초 후부터는 뇌파가 기록되지 않는다. 즉 뇌의 활동이 없다. 우리의 의식이 뇌에 국한되어 있다고 믿는 많은 과학자와 의사들은 이때 기억이나 체험 같은 것은 있을 수 없다는 입장이다. 그들은 간질에 대한 치료로 뇌수술을 할 경우 뇌의 측두엽에 전기 자극을 가하면 환자가 빛 같은 것을 보기도 하고, 마취제나 환각제를 투여했을 경우나 저산소증일 때에도 비슷한 경험을 할 수 있기 때문에, 근사체험은 뇌가 헷갈리는 현상일 뿐이라고 주장한다.

그러나 근사체험을 오래 연구한 학자들의 견해는 다르다. 약물이나 물리적 자극에 의한 경우에는 기억이 조각 나 있고 정리되어 있지 않으며, 공포나 기괴한 체험인 경우가 많다. 또 근사체험에 동반되는 생의 회고가 없으며, 죽음에 대한 두려움의 감소도 없고, 삶의 심대한 변화도 일어나지 않는다. 따라서 근사체험은 전기 자극이나 약물이나 저산소증으로 인해 일어나는 착각이나 환각이 아닌, 실제로 일어나는 영적 현상이라고 반박한다.

근사체험 혹은 임사체험을 지칭하는 Near death experience라는 용어는 레이먼드 무디 주니어가 처음으로 만들어 사용했다. 일시적인 죽음의 체험이라고도 하고, 최근에는 사실상의 죽음의 체험이라고 부르기도 한다. 심장이 멈추고 호흡이 정지하며 동공반사가 없는 사망의 정의에 들어맞기 때문이다. 심폐소생술로 회생한 모든 사람이 다 경험하는 것은 아니고, 10-25%에서 체험하게 된다. 체외이탈을 해서 자신의 육체를 바라보게 되는 것도 중요한 체험요소 중의 하나이다. 인간의 의식은 반드시 뇌에 국한

되지 않을 수 있다는 것을 반증하는 현상인데, 현재는 세계적으로 수천 건 이상의 근사체험 사례들이 축적되어 있다.

네덜란드의 여러 병원에서 많은 근사체험자를 대상으로 한 연구가 2001년 저명한 의학학술지인 〈Lancet〉에 실렸다. 〈Lancet〉은 1823년 영국에서 창간된 전통 있고 권위 있는 학술지인데, 학술지의 영향력을 나타내는 지표(Impact factor)가 47.8로 전 세계에서 발간되는 107종의 의학학술지 중 3위를 차지한 바 있다.

연구자들은 심폐소생술로 다시 살아난 344명을 조사했더니 18%인 62명이 근사체험을 했다는 사실을 발견했다. 근사체험의 열 가지 요소는, 자신이 죽었다는 인식(50%), 긍정적인 감정(56%), 체외이탈 경험(24%), 터널을 통과함(31%), 밝은 빛과의 교신(23%), 색깔을 관찰함(23%), 천상의 풍경을 관찰함(29%), 이미 세상을 떠난 가족과 친지와 만남(32%), 자신의 생을 회고함(13%), 삶과 죽음의 경계를 인지함(8%)이다.

게다가 이 연구는 근사체험이 체험자들의 삶에 어떤 영향을 미쳤는가를 2년 뒤와 8년 뒤까지 조사하는 전향적인 연구를 했는데, 병원에 있던 의무기록을 사건이 일어난 한참 후에 찾아서 하는 후향적인 연구가 여러 가지 오류가 개입될 가능성이 많은 데 비하여, 미리 철저한 계획서를 작성해 놓고 시작하는 이러한 전향적인 연구는 훨씬 신뢰할 만하다.

이 연구에서는 근사체험자 23명과, 소생하기는 했지만 근사체험을 하지 않은 15명을 비교했는데, 무경험자에 비하여 근사체험자는, 다른 사람에 대해 공감과 이해를 더 하게 되고, 인생의 목적을 더 잘 이해하며, 영적인 문제에 더 관심을 가지며, 죽음에 대한 두려움은 큰 폭으로 감소하고, 사후생에 대한 믿음과 일상사에 대한 감사의 마음이 크게 증가했다. 몇 분밖에 안 되는 짧은 순간의 체험이 8년 뒤까지도 큰 영향을 준 것이다.

2011년 3월 18일 방영된 KBS 금요기획 "죽음에 관한 세 가지 시선"에서 소개한 '어웨어 프로젝트(AWARE project)'는, 체외이탈현상을 증명하기 위해 미국과 유럽의 25개 의료기관에서 3년간 15,000명의 환자를 대상으로 실시한 연구인데, 원래는 2014년에 종료될 예정이었으나 연구 기간을 연장하기로 하고 미국과 영국, 유럽의 18개 병원에서 현재도 공동연구가 진행 중이다.

연구진은 체외이탈현상의 진위를 밝히기 위해, 심장 정지가 자주 발생하는 응급실이나 중환자실에서, 아래에서는 절대로 볼 수 없는 천장 가까운 곳 선반 위에 사진과 기사를 올려놓고 환자가 깨어나길 기다린다. 죽었다가 다시 살아난 사람들의 증언에 의하면, 죽음을 경험하는 동안 평화로운 마음으로 천장에 떠서 아래의 모든 풍경을 내려다 볼 수 있었다고 한다. 그래서 심장 정지를 경험한 환자가 깨어난 후 이 사진과 기사를 기억한다면, 죽어 있는 동안 의식이 활동하는 것을 인정할 수 있게 된다고, 미국 뉴욕 웨일코네일 메디컬센터 응급의학과 의사인 샘 파니아 박사는 이야기한다.

"수많은 연구사례를 통해 밝혀진 사실 중 가장 흥미로운 것은, 죽었다가 다시 살아난 사람들 중 최소한 10%에서 20%는 그들이 죽은 후, 즉 뇌 활동이 멈췄을 때에도 의식이 있었다는 겁니다. 이제 우리는 죽음을 다르게 생각해야 합니다. 어쩌면 죽음은 우리의 의식에서 일어나는 현상과 그 과정을 통해 정의되어야 할 것입니다. 왜냐하면 여러 증거를 통해, 사망 후에도 의식이 지속됨을 알았기 때문입니다."

의료진이나 환자를 간호하는 사람은 누구보다도 더 이러한 체외이탈이나 근사체험에 대해 알고 있을 필요가 있는데, 그렇지 않을 경우 체험자를 정신이상으로 몰아 위축시킬 위험이 있고, 체험 후에 일어날 수 있는 삶의 심대한 변화를 저해할 수 있기 때문이다. 또 근사체험은 자살 방지 상담에도 효과적으로 활용할 수 있을 뿐 아니라, 사후 세계 존재 유무나 환자의 신앙 유무에 관계없이, 임종에 임박한 환자가 갖게 되는 죽음에 대한 불안과 공포를 덜어 주는 효과가 있다. 〈그림 3〉*

〈그림 3〉

5. 죽음과 관련한 또 다른 영적인 체험

삶의 종말 체험도 죽음과 관련하여 일어나는 대단히 중요한 영적인 현상인데, 근사체험과는 조금 다르다. 죽음이 임박한 환자의 눈에 먼저 세상을 떠난 가족이나 지인이 보이거나(Vision), 세상을 떠나는 사람이 그 순간

---

* 말기암 등으로 죽음을 눈앞에 둔 사람이 갖는 가장 큰 공포는 자신이 죽어서 소멸해 아무 것도 남지 않는 다는 것이다. 그러나 죽음과 관련해 일어나는 중요한 영적인 현상인 근사체험과 삶의 종말체험을 알려줌으로써 죽음에 대한 크나큰 불안과 공포를 덜어 줄 수 있고 편안한 죽음을 맞이할 수 있게 도울 수 있다.

멀리 떨어진 가족이나 지인 앞에 모습을 나타내기도 한다. 호스피스 실무 경험자들은 이미 이러한 현상에 익숙해져 있는데, 임종하는 사람과 가족들 모두에게 편안한 느낌을 주기 때문에 '마지막 선물(Final gift)'이라고 부르기도 한다.

영국의 정신과 의사인 피터 펜윅 박사는 영국과 스코틀랜드에서의 이러한 체험을 수집하여 〈죽음의 기술〉이라는 제목으로 책을 발간했다. 책에 나오는 사례 중의 하나가 1926년 아일랜드의 물리학자였던 윌리엄 바렛의 부인의 경험담이다.

바렛의 부인은 산부인과 의사였는데, 진료하던 환자가 건강한 아이를 출산한 후 과다 출혈로 죽어가고 있었음에도 얼굴에 상냥한 미소를 띠고 허공에 있는 무엇인가에 시선을 두고 있어서, 옆에서 간병하는 사람이 무엇을 보고 있느냐고 물어본다. 그러자 "사랑스러운 빛, 경이로운 존재들, 아니 아버지잖아. 오! 내가 온다고 너무 반가워하시네. (다소 당혹스러운 표정을 지으며) 그런데 아버지가 동생과 같이 있어요."라고 대답한다. 환자의 동생은 3주일 전에 세상을 떠났으나 가족들은 환자의 몸 상태가 좋지 않아 이 사실을 알려주지 않았던 것이다. 결국 이 환자는 자신의 임종이 다가오자, 오래 전에 타계한 아버지와 3주일 전에 세상을 떠난 동생의 마중을 받았던 것이다. 이 얘기를 전해 듣고 충격을 받은 바렛은 이러한 사례들을 수집하여 〈죽음의 자리에서 나타나는 비전들(Deathbed visions)〉이라는 제목의 책을 출간한다.

임종을 앞 둔 환자들이 이런 증상을 보일 때 정신 차리라고 진정제 주사를 놓기 쉬운데 그래서는 안 된다. 환자 눈에는 먼저 세상을 떠난 지인들의 모습이 실제로 보이는 것일 수 있고, 그 같은 삶의 종말체험은 죽음에 대한 두려움을 완화시켜 주고 마음을 편안하게 해주기 때문이다. 따라서 환자를 위축시키지 말고 격려해 주는 게 중요하다.

이와 관련해 40대 초반의 한 영문학도로부터 경험담을 들은 바 있다. 어머니의 임종이 다가왔을 때 어머니가 먼저 세상을 떠난 분을 만나는 삶의 종말체험을 하고 있는 것이 확실했는데, 다른 가족은 당황해 했으나 자신은 〈한국인의 웰다잉 가이드라인〉에 쓰여 있는 삶의 종말체험에 대해 이미 알고 있었기 때문에 어머니를 격려해 드릴 수 있었다고 한다.

그런데 우리 눈에 보이지 않는 세계에 대한 논의는 우리가 사는 3차원보다 높은 차원을 이해하는 것만큼이나 어려운 일일 것이다. 정신세계사 네이버 북카페에 올려진, 외국의 한 물리학자가 만든 동영상을 보면, 앞뒤와 좌우만이 존재하는 2차원에 사는 존재들은, 구나 사면체, 육면체와 같은 것들을 이해하지 못한다. 앞뒤좌우가 전부인 줄 알던 평면적인 존재가 어떤 계기로 인해 위아래라는 것이 있다는 것을 깨닫는 일은, 우물 안이 전부인 줄 알던 개구리가 우물과는 비교조차 할 수 없는 장엄한 바다라는 것이 우물 밖에 있다는 것을 알게 되는 사건에 비유할 수 있을 것이다.

물리학자는 말한다. "사람들은 모르는 것, 알려지지 않은 것을 두려워하는데, 만일 우리가 알고 있는 것만을 볼 수 있다면, 새로운 것들과 알려지지 않은 것들을 어떻게 알 수 있겠는가? 이제까지 전혀 몰랐던 다른 차원을 이해하려면, 알려고 하는 용기가 필요하다. 재미있지 않은가? 우리를 가장 두렵게 하는 것이 우리를 가장 가슴 뛰게 만든다는 것이."

6. 좋은 죽음을 맞기 위하여

죽음과 직면하면서 비로소 삶의 의미를 찾게 되는 대표적인 이야기가 일본영화 〈이끼루〉이다. '이끼루'는 '살다', '살아 있음'이라는 의미이나, 사실은 죽음을 다루고 있다.

'미이라와 같은 삶을 살던 시청의 말단 과장인 주인공은 위암 말기 판정을 받은 후 실의에 빠져 있던 중, 몇 달 안 남은 마지막 삶에서 자기가 할 수 있는 일을 하나라도 끝마치고 떠나야겠다는 생각에 이르고, 주민들의 숙원이던 공원 조성 사업을 온갖 난관을 이기고 이뤄낸 후, 공원 개장 전날 밤 그네에 앉아 나지막하게 노래를 부르다 숨을 거둔다.

주인공이 퇴근길 잠시 멈추어 서서 저녁노을을 바라보며 "저녁노을이 이렇게 아름다운 걸 모르고 30년을 살아 왔네. 그러나 이제는 시간이 없구나" 하고 말하고는 고개를 푹 숙인 채 힘없이 발걸음을 옮기는 장면은 무척 인상적이다.

1970년대부터 일본에서 교수로 재직하며 바람직한 죽음문화의 정착에 힘써 온 독일인 알폰스 데켄 신부는 이 영화에 대해 "주인공은 죽음에 임박하여 타인에 대한 사랑을 통해 기쁨과 만족감을 느꼈고, 죽음에 직면함으로써 비로소 보다 바르게 살 수 있었다."고 평했다.

2012년 4월 27일자 조선일보, 윤희영의 "News English"에는 미국의 심리학자가 한 연구가 소개됐다. 사는 게 힘들게 느껴진다면 공동묘지를 걸어보라는 내용이다. 그러면 삶에 긍정적인 변화가 생겨 자신과 남에 대한 해악을 최소화하는 생각과 자세를 갖게 된다는 것이다. 죽음에 대한 자각이 높아져 인내심, 평등의식, 연민, 감정이입 그리고 평화주의에 대한 동기가 부여되는 것이 아닌가 한다. 건축가 승효상이 "우리는 묘지가 일상 가까이에 없어서 도시가 경건하지 못하다"라는 생각과 같은 맥락이다.

본인이 고생물학과 지질학을 전공한 과학자였던 프랑스의 샤르댕 신부(1881-1955년)는, "우리는 영적 체험을 하는 인간이 아니라 인간이 된 체험을 하는 영적 존재다"라는 말을 남겼다. 직업의 고하나 재산의 많고 적음에 관계없이, 한 사람 한 사람 모두가 고귀한 영적 존재이다. 그리고 고귀한 영적 존재인 우리는 촘촘하게 짜인 그물의 씨줄과 날줄로 서로 긴밀하게 연결되어 있다. 상호 연결성과 영속성 속에서 삶과 죽음을 바라보게 된다면, 이제까지와는 사뭇 다른 의미로 나라는 존재를 대하게 될 것이다.

〈참고문헌〉

김건열 · 정현채 · 유은실, 『의사들, 죽음을 말하다』, 북성재, 2014.
엘리자베스 퀴블러 로스, 『사후생』, 최준식 옮김, 대화문화아카데미, 2009.
정현채 · 정진홍 · 법타 · 이기동 · 김흡영, 『삶과 죽음의 인문학』, 석탑출판, 2012.
제프리 롱 · 폴 페리, 『죽음, 그후』, 한상석 옮김, 에이미팩토리, 2010.
최준식, 김호연 그림, 『너무 늦기 전에 들어야 할 죽음학 강의』, 김영사, 2014.
최철주, 『이별서약 - 떠날 때 울지 않는 사람들』, 기파랑, 2014.
한국죽음학회 웰다잉가이드라인 제정위원회, 『죽음맞이』, 모시는 사람들, 2013.
한국죽음학회, 『한국인의 웰다잉 가이드라인』, 대화문화아카데미, 2010.

가치 있는
삶과
좋은 죽음

잘 죽는다는 것은?
: 옛이야기 〈개로 환생한 어머니 여행시킨 아들〉

김혜미

우리는 죽음에 대해 궁금해 한다. 어떻게 죽어야 잘 죽는 것인지도 궁금해 한다. 죽음이라는 미지의 세계에 대해서는 우리의 선조들 또한 궁금해 하였다. 선조들이 찾은 그 해답을 우리는 지금까지 전승되어 온 옛이야기를 통해 어느정도 엿볼 수 있다. 우리의 옛이야기에는 죽음에 대해, 죽음 이후에 대해 언급되어 있다. 〈개로 환생한 어머니 여행시킨 아들〉도 마찬가지이다. 이 이야기에서는 열심히 내 가정을 돌보고 살았지만, 죽어 개로 환생한 어머니가 등장한다. 저승에서 자신의 삶을 평가받을 때, 어머니는 죄를 지었기 때문에 사람으로 태어나지 못하고, 축도 환생하게 된 것이다. 어머니는 사람일 때에 계속 아들에게 주기만 하고, 집안 만 돌보고 살았는데, 그 삶이 죄를 지었다는 맥락이다. 아들에게 주기만 하는 삶은 언뜻 보면 어머니의 희생적인 모습을 극대화한 것이라고 볼 수 있다. 하지만 어머니의 지속적인 희생과 주기만 했던 사랑은 아들을 하나의 독립된 개체로 인정하지 않은 것을 의미하기도 한다. 어머니 또한 아들이 어머니를 대접하고, 살뜰하게 보살필 수 있는 시간을 마련해 주어야 했다. 아들이 어머니를 위해드린 시간을 통해 어머니는 결국 개의 모습에서 부처가 될 수 있게 되었다. 우리의 옛이야기는 자녀에게 주기만 하지 않고, 받을 줄도 알아야 한다는 것, 자녀에게 주기만 하는 것 또한 집착이라는 것을 깨닫는 과정은 부처와 같이 득도한 상태가 되며, 같이 잘 죽을 수 있다는 것을 알려준다.

1. 잘 죽을 수 있을까?

죽음에 대해 고민해 보지 않은 사람은 없을 것이다. 죽음은 인생의 마지막 여정임에는 분명하지만, 죽음 이후의 여정에 대해서는 미리 계획을 세울 수 없기 때문에 두려움이 항상 도사리고 있는 길이라고 할 수 있다. 두려움의 극복이 이루어지지 않으면 언제까지나 살고자 하는 욕망이 커져 자신이 살아야 하는 삶까지도 망가지게 된다. 가장 유명한 일화로 진시황과 관련된 옛이야기를 살펴볼 수 있다.

진시황 때 서씨라는 신하가 있었는데 진시황의 밑에 있다가는 나중에 크게 못 될 것 같았다. 하루는 진시황이 신하들을 전부 불러서 늙지도 않고 죽지도 않게 하는 약이 있느냐고 묻자 서씨가 동방의 삼신산에 있는 불로초라고 했다. 진시황이 불로초를 구해 오라고 하자, 서씨는 불로초는 구하기가 쉽지가 않기 때문에 젊은 남녀 오백 명과 곡식과 농기구를 준비해 가야만 구할 수 있다고 했다. 진시황은 서씨의 말대로 준비해주고, 군

함 몇 십 척을 동원해 불로초를 구해 오라고 했다. 서씨는 사람들을 데리고 일본으로 가서 준비해온 곡식과 농기구를 이용하여 농사를 지으며 일본에 정착을 하였다. 결국 진시황은 불로초를 구하러 간 서씨를 기다리다가 죽어버렸다.[1]

진시황은 신하들을 불러 늙지도 않고, 죽지도 않게 하는 약이 있느냐고 물었다. 불로초가 없는 것을 알고 있는 서씨 신하는 진시황의 욕망을 이용하여 자신의 살 길을 도모하였다. 진시황은 불로초를 구해 올 수 있다는 말에 속아 서씨가 멀리 떠나서 자신이 원하는 삶을 살 수 있도록 준비를 해 주었다. 진시황은 죽지 않으려는 자신의 욕망에 눈이 멀어 서씨의 제안이 진짜인지 아닌지 확인하지도 않은 채 큰 재산을 선뜻 내어 준 것이다.

서씨를 보낸 후 진시황이 보낸 삶은 어떠했을까? 서씨를 보낸 후 진시황의 모습은 쉽게 상상해 볼 수 있다. 서씨가 돌아오길 하루하루 기다리며 초조하게 시간을 보냈을 것이다. 이야기에서도 나오는 것처럼 진시황은 불로초를 구하러 간 서씨를 기다리다가 죽어 버렸다. 왕의 자리에 있었어도 죽지 않는 것만 바라보다가 자신이 해야 할 일을 놓치고 스러져 버렸다고 할 수 있다. 이쯤 되면 차라리 죽지 않는 것 보다 죽는 것을 알고 어떻게 죽어야 잘 죽을 수 있는지 고민해 보는 시간이 더욱 필요할 것이라고 본다.

2. 우리의 옛이야기 〈개로 환생한 어머니 여행시킨 아들〉

잘 죽는다는 것이 무엇인지에 대한 해답을 찾기 위해 설화 〈개로 환생한 어머니 여행시킨 아들〉을 살펴보고자 한다. 설화 〈개로 환생한 어머니 여행시킨 아들〉에서 어머니는 집안일만 하다가 죽은 사람이다. 저승에서는 어머니에게 이승에서 무엇을 하다 왔느냐고 물었고, 어머니는 집에만 있다가 죽었다고 대답했다. 그러자 저승에서는 뭐하다 바깥 구경도 하지 못하고 그냥 왔느냐고 하더니, 어머니를 개로 축도 환생시키며 아들의 집이나 지키라고 했다. 그 후 아들은 어머니가 개로 환생하였다는 것을 알고 어머니에게 여행을 시켜드렸고, 그 결과 어머니는 승천할 수 있게 되는 내용으로 설화는 결말지어진다. 이러한 내용을 담고 있는 설화는 『한국구비문학대계』에 약12편 가량 전해지고 있으며, 그 중 대표적인 내용을 요약적으로 제시하면 다음과 같다.

어머니가 여행도 못하고 평생 집 밖에 나가지도 않고 집 안에서 고생만 하다 죽었다. 저승에서 할머니가 세상 구경도 못하고 죽은 것을 알고 개로 환생하여 집으로 돌아가 도둑이나 지키며 살라고 하였다. 할머니가 개로 환생하여 큰아들의 집으로 가게 되었는데 며느리가 임신을 하여 개를 잡아먹고 싶다고 하였다. 개가 된 어머니가 그 말을 듣고는 딸의 꿈에 나타나 자신이 개가 되어 큰아들의 집에 있는데, 자신을 잡아먹으려 한다고 일러주었다. 다음 날 딸은 그 사실을 오빠에게 이야기했고 개를 잡아먹으려던 큰아들은 개를 업고 여행을 시켜 주었다. 하루는 나무 밑에서 쉬고 있는데 갑자기 비가 오는 것이었다. 큰아들은 옷을 벗어 개에게 덮어 주었다. 조금 후에 개는 하늘로 올라가 버렸는데 그 자리에 함 같은 것이 떨어졌다. 큰아들이 함을 가지고 와서 보니 돈이 수북하게 들어 있어 부자가 되었다.[2]

이 설화에서 가질 수 있는 의문 가운데 하나는 어머니가 바깥 구경을 하지 않고 죽은 것이 왜 저승에서 문제가 되느냐이다. 어머니가 어머니로서 자녀들을 돌보는 소임을 다하고 죽어 저승에 간 것인데, 저승에서는 바깥 구경을 하지 않고 죽은 어머니를 다시 개로 환생시킨다. 이에 더하여 어머니는 개의 모습을 한 채 자신이 살던 집으로 되돌려 보내진다.

저승에서 어머니를 개로 환생시킨 이유에 대해 설화에서 대부분 구경도 못하고 집안 일, 특히 아들을 키우거나 손자를 키우는 일만 하고 바깥 구경을 못했다는 것으로 설명하고 있다. 어머니가 적선하지 않아서 개로 환생시켰다는 경우가 1편, 자식들 때문에 어머니가 직접 원이 되어 구렁이로 환생해 찾아왔다는 경우가 1편도 있다. 또한 개 대신 구렁이로 환생한 경우가 3편도 있다.

큰아들이 개로 환생하여 돌아온 어머니를 못 알아보고 죽이려고 하자, 어머니는 딸이나 작은 아들의 꿈에 현몽하여 큰아들에게 자신의 존재를 알리게 된다. 그러나 『한국구비문학대계』의 12편 중 큰아들의 꿈에 직접 나타나는 경우가 3편, 큰아들이 어머니를 그냥 알아보는 경우가 2편, 개를 찾으러 나갔다가 개가 어머니라는 것을 중이 말해주는 경우가 1편도 나타나 있다.

본 설화에서 어머니를 여행시켜 준 아들은 부자가 되거나 명예를 얻는 것으로 결말이 난다. 하지만 배필을 얻는 경우도 1편 나타나고, 큰아들이 아무런 대가를 받지 못하는 경우도 4편이 채록되어 있다.

이러한 양상으로 나타나고 있는 〈개로 환생한 어머니 여행시킨 아들〉에서 주로 나타나는 인물들을 살펴보면 어머니, 큰아들, 며느리, 딸(작은 아들)이 있다. 이 중 가장 중심적인 인간관계는 어머니와 큰아들이다. 어머니는 살아있는 동안 큰아들의 집에서 살며 아들과 손자를 돌보았다.

그런데 어머니는 큰아들 집에서 살면서 집 밖에 나가지 않고 집 안 일만 하였다. 설화에서는 그에 대한 벌로 어머니를 개나 구렁이로 환생시켜 집으로 돌아가게 한다. 다음 인용문은 어머니가 집 안 일에만 매달린 나머지 그것이 벌이 되어 돌아가게 하는 부분이다.

> 가난하게 살던 한 사람의 어머니가 돌아가셨는데, 개가 한 마리 집에 들어왔다. 하루는 꿈을 꾸는데 개가 "얘야, 내가 너의 어머니다."했다. 그래서 멱둥구미를 하나 만들어 개에게 정성을 다해 밥을 먹인 후 멱둥구미(짚으로 결어 만든 둥글고 올이 높은 그릇)에 짊어지고 다니며 좋은 데를 모두 구경시켰다. 구경을 시키고 나서 강원도로 가니 개 허물이 빠져나가 인도환생 되어서 사라졌다. 그의 어머니가 자식들 키우느라 너무 고생하고 살림만 살다가 그것이 원(怨)이 돼서 둔갑을 하여 찾아왔던 것이다(최낭금(여, 56), 〈고생한 어머니와 효자〉, 『한국구비문학대계』 8-14, 진교면 설화25, 356~357면).

> 그날 밤 아들이 꿈을 꿨는데 어머니가 나타나서 "내가 평생 동안 너를 살리려고 일만 하다가 저승에서 구렁이 허물을 입혀 구경을 보내주었는데, 며느리가 빨래하던 뜨거운 물을 뿌려 머리가 디여서 망태 안에 들어있다."라고 하였다. 꿈을 꾼 아들이 아내에게 물어보자, 아내는 정말로 자기가 그렇게 했다고 하였다(이답례(여, 49), 〈구경도 하고 살아야 한다〉, 『한국구비문학대계』 6-5, 산이면 설화18, 548~550면).

집 안에만 있었다는 이유로 어머니는 개로 환생되어 집으로 돌려보내졌으며, 그렇게 살아온 인생이 잘못되었다고 설화에서는 이야기하고 있다. 이 때문에 어머니는 개나 구렁이가 된다. 아들은 처음엔 어머니를 알아보지 못하다가 어머니가 바깥 구경을 못한 것 때문에 개로 환생하여 돌아오게 된 것을 알자, 아들은 어머니를 여행시켜준다. 문제를 일으키는 장본인은 어머니이지만 이를 해결해 주는 것을 아들이 된 셈이다. 여기에서 이야기의 중점은 어머니에서 아들로 바뀌게 된다.

하루는 동구나무에서 쉬고 있는데, 갑자기 하늘에 구름이 끼더니 뇌성벽력이 치면서 비가 오기 시작했다. 아들이 자기 옷을 벗어 개에게 씌웠는데, 조금 있으니 개는 하늘로 올라가버리고 무슨 함 같은 것이 떨어져 있었다. 아들이 함을 집으로 가지고 와서 열어보니 돈이 수북하였는데, 하느님이 아들이 효자라고 준 것이었다. 아들이 그 돈을 가지고 잘 살았다고 한다(김맹순(여, 53), 〈개로 환생한 시어머니〉, 「한국구비문학대계」 8-4, 미천면 설화31, 321~325면).

아들이 생전에 여행 한번 못 해본 어머니를 위해 개를 데리고 팔도강산 유람을 떠났다. 아들이 개를 데리고 고급 여관에 머무르며 맛있는 음식을 실컷 먹게 해주었다. 하루는 아들의 꿈에 어머니가 현몽을 하여 이제 소원을 다 풀었으니 자기는 자기 갈 길을 가겠다고 했다. 아들이 잠에서 깨어나 보니 개가 죽어 있었는데, 그 자리에 개를 잘 묻어주고 왔다. 그 후로 아들 집의 살림이 더욱 불어나 잘 살게 되었다(김숙분(여, 66), 〈개무덤〉, 『한국구비문학대계』 8-3, 금곡면 설화52, 576~582면).

아들은 하던 일을 다 팽개치고 개를 안고 옷을 두벌 준비해 나가면서,

그 옷이 다 떨어지면 돌아오겠다고 말을 남긴 뒤에 여행을 떠났다. 그리고 는 좋은 곳을 돌아다니면서 삼 년 동안 어머니에게 구경을 시켰다. 그러다 가 어느 깊은 산속의 절에 가서 먹을 것을 얻어 오려고 개를 바위 위에 올려두고 스님에게 밥을 얻어서 돌아오는데, 갑자기 뇌성벽력이 치면서 쌍무지개가 섰다. 그리고 어머니가 개의 허물을 벗고 천사를 따라 하늘로 올라갔다. 아들은 절에서 얻어온 밥을 도로 절에 갖다 주고 집으로 가면서 하염없이 울었다(박월순(여, 61), 〈개로 변한 어머니 모시기〉, 『한국구비 문학대계』8-9, 이북면 설화57, 807~812면).

아들과 개가 된 어머니는 길을 떠났지만 여행을 떠났다고 해서 바로 어머니가 승천하지는 못한다. 어떠한 계기를 통해야만 어머니가 승천을 하게 되는데, 위의 인용문에서 보면 아들이 비가 왔을 때 어머니를 가려준 다든지, 어머니의 소원 풀이를 해 준다든지, 삼 년 동안 구경을 시켜 주어 서 승천을 할 수 있게 되는 것이다. 아들이 오랜 시간에 걸쳐 어머니에게 공을 들였을 때, 어머니가 성공적인 길을 갈 수 있게 되었다는 것을 반증해 준다.

그러나 이야기의 중점이 어머니에서 아들로 바뀌는 것으로 인해 어머니 가 가지고 있는 문제가 구체적으로 무엇이었는지, 왜 아들에 의해서 해결 될 수밖에 없는지에 대해서는 알 수 없게 되었다. 이는 서사의 주체가 일 관성 있게 나타나지 않아서 생성되는 문제이다. 실상 잘 죽는 것이 무엇인 지 해결하기 위해서는 어머니의 입장에서 이야기를 바라보는 것이 중요 하다.

이에 다음 장에서는 어머니를 서사의 주체로 보고 어머니의 문제 상황에 대해 더욱 자세히 고찰해 볼 것이다. 또한 문제 상황에 따른 해결과정을 살핌으로써 설화에서 우리 삶의 문제를 어떠한 방식으로 처리하고 있는 지도 살펴보도록 하겠다.

3. 어머니는 어떤 삶을 살았던 것일까?

설화 〈개로 환생한 어머니 여행시킨 아들〉에서 어머니가 죽자 저승에서는 어머니가 그동안 살아왔던 방식에 대하여 문제를 삼는다. 어머니가 살아온 방식의 문제는 크게 두 가지로 구분될 수 있다. 첫 번째로 집안일을 하느라 자신의 삶을 살지 못한 것이다. 저승에서는 어머니가 바깥 구경도 하지 않고 집에서만 살았다는 것에 대해 문제를 제기하고 있다.

> 옛날에 어떤 할머니가 아들 딸 전부 결혼시키고, 평생 세상 구경도 못하며 목화솜의 실만 잣다가 죽고 말았다. 저승에서 할머니가 세상 구경도 못한 것을 알고는 도로 내려가 개가 되어 도둑이나 지키라고 하였다(김맹순(여, 53), 〈개로 환생한 시어머니〉, 「한국구비문학대계」 8-4, 미천면 설화31, 321~325면).

> 어떤 할머니가 힘들게 일만 하다가 세상을 떠났다. 그런데 저승에 갔더니 이승으로 가라고 하고, 이승에 갔더니 저승으로 가라고 하는 것이었다. 그래서 갈 곳이 없어서 길에 앉아 있는데, 개가 서로 상관하는 것을 보고 있다가 그 개의 강아지로 태어났다(박월순(여, 61), 〈개로 변한 어머니 모

시기),『한국구비문학대계』8-9, 이북면 설화57, 807~812면).

옛날에 어떤 할머니가 생전 어디 구경도 다니지도 않고 집에서 손자들
이나 봐주고 살다가 죽어서 저승에 갔다. 저승에서 문초를 받는데 살면서
무슨 적선을 했냐고 물었다. 아무것도 적선도 안 하고 그냥 손자들이나
봐주며 집을 보고 살았다고 하자 개 허물을 씌워 줄 테니 가서 집이나
더 보고 오라고 했다(이금녀(여, 70), 〈팔도 구경 못해서 개가 된 사람〉,
『한국구비문학대계』5-7, 칠보면 설화3, 419-420면).

이렇게 세상 구경을 하지 않고 집에만 있었던 것에 대해 〈개로 환생한
어머니 여행시킨 아들〉의 한 각편에서 보면 어머니가 세상 구경을 하지
않은 것에 대해 '죄'를 지었다고 표현하고 있다.

어머니가 자식 키우느라 세상 구경을 못하고 죽었는데 저승에서 세상
구경도 못했다며 받아주지 않고 개로 환생시켜 세상 구경을 하고 오라고
했어요. (채록자 : 왜요? 죄가 되나요?) 그렇지 그것이 죄가 되지, 세상
구경 안한 것이 죄야(장소저(여, 89), 〈돌아가신 어머니 여행시킨 효자〉,
『한국구비문학대계』4-5, 내산면 설화26, 490~493면).

설화에서는 세상 구경을 하지 않는 것, 집안의 모든 것을 내려놓고 자신
이 원하는 것을 하는 시간을 갖지 않는 것을 죄라고 표현하는 것이다. 그
런데 어머니가 집안일을 해 주는 것의 대부분의 양상을 보면, 자신이 여행
을 하기 싫어서 여행을 하지 않은 것이 아니다. 어머니는 자식들을 위하여
그렇게 일만 하고 여행은 하지 않은 것이었다.

여기에서 어머니가 살아온 방식의 두 번째 문제가 드러나게 되는데, 바

로 아들에게 주기만 하는 관계만 맺으며 살아왔다는 것이다. 이는 첫 번째 문제인 집 안에서만 있는 것과 강력하게 연관이 되어 있다. 집에만 있게 된 어머니가 갖게 되는 인간관계는 편협할 수밖에 없다. 즉 맺게 되는 관계는 가족관계, 특히 큰아들과의 관계뿐이다. 그렇기 때문에 어머니는 집 안에서 자식들과의 관계만을 고집하게 되고, 자식들에게 강한 애착을 보이게 된다. 이 설화의 특이한 점은 남편이 나오지 않는다는 것인데, 남편이 없는 상황에서 어머니는 아들에게, 특히 큰아들에게 애착이 강할 수밖에 없다. 남편 없이 자녀들을 홀로 키우는 어머니는 흔히 아들 중 한 명을 남편처럼 생각하기도 한다. 예를 들어 영화 〈우리 형〉에서도 남편 없이 살아온 엄마(김혜숙)가 둘째 아들인 종혁(원빈)에게 "너를 남편 대신 생각한다."라고 이야기하는 대사가 등장한다. 장애인인 첫째 아들 대신, 그리고 죽은 남편 대신 자신이 의지할 곳을 찾는 것인데, 〈개로 환생한 어머니 여행시킨 아들〉에서도 어머니가 큰아들에게 같은 맥락에서 과도한 애착을 형성한 것으로 예상할 수 있다.

이렇게 인간관계에서 너무 강력한 애착이 형성될 때에는 그 관계에만 매달릴 수밖에 없다. 어머니가 다른 사람과의 관계는 맺지 않고 아들에게만 매진하게 되면 아들에게도 피해가 갈 수 있겠지만, 그 이전에 자기 자신의 삶의 질을 높이는 데에도 실패할 가능성이 크다. 아들은 어떻게든 본인의 삶을 이어나갈 수 있지만, 어머니가 아들과의 관계에만 너무 집중하게 되면 자신만의 삶을 이어나갈 수 없게 된다.[3]

어머니의 강력한 애착은 어머니가 자녀로 하여금 무언가를 할 수 있도록 해 주는 것이 아니라 자신이 모든 것을 해 줘야 한다고 생각하는 강박적 사고로 연결될 수 있다. 어머니도 아들에게 무언가를 바랄 수도 있는데 그것을 겉으로 드러내지 않고 자신만 죽어라 자녀에게 무언가를 해 주는 것이다. 이러한 모습은 자녀를 감싸기만 하는 태도 때문에 나타난다. 자녀에게 무엇이든 다 해준다고 해서 그것이 좋은 관계를 유지하는 것만은 아닌데도 자녀에게 무엇이든 모두 해주려고만 하는 것이다.[4] 이는 자녀를 훌륭히 키울 수 없을 뿐만 아니라 자기 자신에게도 부정적인 영향을 끼칠 수밖에 없다.

또한 과도한 애착으로 인한 부작용은 설화에서 표현되고 있는 '독하게'와 연결된다. 즉 '내' 가족만 위하다 보니까 '남'에게는 아무것도 해 주지 못한 것이다.

> 어떤 할머니가 열다섯에 시집와서 죽을 때까지 아주 독하게 살림만 하면서 살았는데, 평생 남에게 준 것이라고는 짚단 한 묶음 밖에 없었다. 할머니가 죽어서 저승에 가니까 독한 할망구라면서 개가 되어 아들 내외 집을 지키라고 하였다(김숙분(여, 66), 〈개무덤〉, 『한국구비문학대계』 8-3, 금곡면 설화52, 576~582면).

> 한 사람이 세상구경도 안 하고 집에 들어앉아서 살림만 했다. 사립 밖을 모르고 살아서 죽어 저승을 가니까 지독스럽게 살림만 했다며 개가 되어 그 살림을 지켜주라고 다시 집으로 보냈다. 그래서 이 할머니가 죽어서 개가 되었다(이귀조(여, 71), 〈개가 된 어머니를 부처로 만든 효자〉, 『한국구비문학대계』 8-8, 삼랑진읍 설화40, 169~171면).

이 또한 죄로 연결될 수 있으며, 개로 환생할 수밖에 없게 된 업보로 생각할 수 있다. 내 것만 위하고 내 자식만을 위하고 사는 것이 죄가 되어

독한 할망구라며 욕을 먹게 되는 것이다. 다른 관계를 맺지 않고 아들과의 관계 속에서만 살아온 어머니는 충분히 자신의 인생에 대해 성찰하거나 반성할 수 있는 계기를 만들지 못했으며, 이로 인해 독한 할망구가 될 수밖에 없는 것이다.

그런데 어머니가 이러한 애착문제를 보였다고 해서 아들이 주체적으로 자신의 일을 하지 못하는 상태이거나, 자신의 삶을 꾸려나가지 못하는 사람으로 나타나진 않는다. 즉 어머니의 애착 문제는 어머니 자기 자신의 삶을 파괴시키게 된 것이지, 아들의 삶에 영향을 주지는 못한 것이다. 그렇기 때문에 살아생전 문제가 없어 보였던 어머니가 죽은 후 문제를 드러내자 아들은 바로 그 해결에 나설 수 있게 된다.

다시 정리해보자면 어머니는 독하게 집안일만 하다가 자신의 삶을 살지 못하게 되었다. 그렇게 되면서 어머니가 맺는 인간관계는 자연스럽게 아들과의 관계만 맺게 되었고, 이로 인해 어머니는 아들의 모든 일을 도맡아 하려고 하는 잘못된 애착을 형성하게 된 것이다. 이에 어머니는 계속해서 아들을 다 키워 놓고도 아들의 집안일을 해 주거나, 손자만 키우다가 죽게 된 것이다.

이를 앞서 설화에서 언급하고 있던 '죄'와 연결 지을 수 있다. 어머니가 아들에 대한 잘못된 애착으로 인해 자기 자신의 삶을 건강하게 살지 못하게 되었고 이것이 바로 '죄'를 짓게 되는 것이라고 설화에서는 설명한다. 이는 '업'의 개념과 연관될 수 있는데, 불교의 개념에서 전세의 소행으로 말미암아 현세에서 응보를 받는 것으로 생각할 수 있다.

결국 어머니는 죄의 대가로 사람이 아닌 개로 환생하게 된 것이며, 그 애착 관계로 인해 다시 아들의 집으로 갈 수밖에 없다. 기독교에서 보면 구렁이와 뱀을 원죄와 관련하여 설명하고 있다. 성경의 아담과 이브에 관련된 일화에 따르면 죄가 없었던 세상에 죄를 불러오게 된 것은 뱀의 유혹 때문이라고 밝히고 있다. 또한 불교에서도 사람이 죄를 짓게 되면 동물로 환생하게 되기 때문에 살아서 좋은 일을 많이 해야 한다고 말한다. 다시 말해 죄를 지은 대가로 어머니는 개나 구렁이가 된 것이라고 해석할 수 있다. 어머니는 전생의 업보를 해결해야 제대로 된 자신의 길을 갈 수 있게 되는 것이다.

그러나 어머니는 아들과의 애착 관계를 끊지 못했기 때문에 문제는 여전히 미해결 상태이다. 문제 해결을 위해서는 아들의 집으로 돌아가는 것이 순서이다. 문제 상황 속으로 다시 돌아가 대면하는 것이다. 그래서 〈개로 환생한 어머니 여행시킨 아들〉에선 개나 구렁이로 환생한 모든 어머니들이 원래 살았던 아들의 집으로 돌아갈 수밖에 없다. 살아생전 있었던 문제를 해결해야 업보를 벗어내고 하늘나라로 갈 수 있기 때문이다.

이러한 어머니의 문제를 바탕으로 어머니의 서사를 재구성할 수 있다. 다시 말해 어머니를 서사의 주체로 두고 보면 어머니의 문제가 무엇인지 더욱 극명하게 드러날 수 있다는 말이다. '서사의 주체'라는 용어는 정운채가 처음 「문학치료학의 서사 및 서사의 주체」라는 논문에서 발표한 개념이다. '서사의 주체'는 주인공의 개념과는 다르다. 작가가 한 명 내지 두 명의 사람에 초점을 맞춰 그 사람을 중심으로 이야기를 전개해 나갈 때, 그 중심이 되는 사람을 주인공이라고 한다. 그러나 서사의 주체에 초점을 맞추어 논의하게 되면 등장하는 인물의 수만큼 다양한 서사들이 떠오르게 되고, 그 결과 그만큼의 다양한 텍스트들이 생산될 수 있다. 예를 들어 〈춘향전〉에서 주인공은 성춘향과 이도령으로 우리는 인식하고 있지만 서사의 주체는 더욱 다양하게 나타날 수 있다. 〈춘향전〉 안에는 방자, 향단이, 월매 등도 등장하고 이들을 서사의 주체로 두고, 서사를 다시 재구성하게 되면 원래의 이야기와는 다른 이야기가 생겨나게 되는 것이다. 이에 하나의 작품 속에 잠복되어 있는 여러 개의 서사를 분석해낼 수 있게 된다. 원래의 이야기에서는 보이지 않았던 것들이 새로운 서사의 주체를 지정함으로써 보이게 되는 것이다.[5] 이와 같이 서사의 주체의 개념을 통해 서사를 재구성한 것은 다음과 같다.

어머니가 여행도 못하고 평생 집 밖에 나가지도 않고 집 안에서 고생만 하다 죽었다. 어머니는 집안에만 있다가 자녀들과의 관계만 맺고 집안의 모든 일을 자신이 해왔다. 어머니는 죽은 뒤 그렇게 살다 죽은 것이 원한이 되었다. 그랬더니 저승에서 어머니가 원한이 있을 때는 저세상으로 가지 못하니 개로 환생해서 집으로 돌아가라고 했다. 어머니가 개로 환생하여 큰아들의 집으로 가게 되었는데 며느리가 임신을 하여 개를 잡아먹고 싶다고 하였다. 개가 된 어머니가 그 말을 듣고는 딸의 꿈에 나타나 자신이 개가 되어 큰아들의 집에 있는데, 자신을 잡아먹으려 한다고 일러 주어 아들에게 자신의 존재를 알리게 되었다. 다음 날 큰아들은 개가 된 자신을 업고 여행을 시켜 주었다. 그렇게 여행을 하다 하루는 나무 밑에서 쉬고 있는데 갑자기 비가 오는 것이었다. 아들은 옷을 벗어 자신에게 덮어 주었다. 아들에게 기대어 여행을 다니고, 아들에게 모든 것을 맡기는 것도 가능하다는 것을 깨닫게 되자 어머니는 승천을 할 수 있게 되었다.

어머니를 서사의 주체로 놓고 이야기를 재구성하자 문제점이 무엇인지 선명하게 드러나게 되고 그 문제의 해결방향까지 보이게 된다. 이는 이후 어머니가 어떻게 해야 문제를 해결할 수 있는지 정확히 보여준다. 다음 장에서는 이를 바탕으로 어머니가 어떻게 해서 자신의 삶을 살아가게 되고, 문제를 해결할 수 있는지에 대해 알아보도록 하겠다.

4. 어머니의 아들 인정하기

〈개로 환생한 어머니 여행시킨 아들〉에서 어머니는 개로 환생하여 집으로 돌아와 죽을 위기에 처하게 되지만, 이 위기로 인해 자신이 다시 환생했다는 것을 자식들에게 알리게 된다. 이 위기는 어머니가 가지고 있는 문제가 아직 끝나지 않았으며, 문제가 해결될 때까지는 계속해서 그 상태가 지속될 수밖에 없다는 것을 알려주는 역할을 한다.

아들은 개가 어머니라는 것을 알고 바깥 구경을 하지 않아 죄를 받은 것을 알자 바로 어머니를 여행시키는 일에 착수한다. 여행을 한다는 것은 기존에 살던 삶의 방식에서 벗어나는 것을 말한다. 여행은 어머니가 더이상 집안일에 얽매이지 않고 자기 자신의 삶을 살아가게 하는 계기를 마련해 주는 역할을 하는 것이다.

그런데 어머니는 개가 되었기 때문에 자신이 원하는 방향으로 여행을 할 수는 없다. 여기에서 개로 변한 어머니의 의미를 추출할 수 있다. 어머니가 개로 환생한 것은 그동안 부모 자식 간의 관계와는 다른 관계의 양상이 나타날 수밖에 없다는 필연적 장치를 마련해 준다. 지금까지 어머니는 자신이 양육을 하는 입장에서 아들을 돌봐야 한다고만 생각했지만, 개가된 후에는 아들의 돌봄을 받게 될 수밖에 없는 존재가 된 것이다. 즉 어머니는 아들에게 죽임당할 수 있는 나약한 존재가 되어버렸으며, 돌봄을 받을 수 있는 존재도 될 수 있다는 것이다. 어머니가 개로 되지 않았다면 어머니는 자신도 자녀에 의해 보살핌을 받을 수 있다는 사실을 깨닫지 못하고 언제까지나 주기만 해야 한다고 생각했을 것이다.

그러나 아들이 여행을 시켜주기 시작하면서, 또 아들의 대접을 받으면서 어머니는 아들이 하나의 인격체이며 독립성을 가진 사람이라는 것을 깨닫게 된다. 즉 아들을 무조건적으로 돌봐주지 않아도 되고, 자신도 보살핌을 받을 수 있는 것을 깨닫고 나면 어머니는 하늘로 갈 수 있는 것이다. 본 설화에서 어머니가 자녀에게 집안일을 맡기고 자신의 삶을 살아도 되고, 자녀에게 의지해도 된다는 것을 깨닫게 되는 중요한 과정이 바로 여행하는 과정 속에 녹아 있다.

> 아들이 자기 옷을 벗어 개에게 씌웠는데, 조금 있으니 개는 하늘로 올라가버리고 무슨 함 같은 것이 떨어져 있었다. 아들이 함을 집으로 가지고 와서 열어보니 돈이 수북하였는데, 하느님이 아들이 효자라고 준 것이었다(김맹순(여, 53), 〈개로 환생한 시어머니〉, 「한국구비문학대계」 8-4, 미천면 설화31, 321~325면).

> 좋은 곳을 돌아다니면서 삼 년 동안 어머니에게 구경을 시켰다. 그러다가 어느 깊은 산속의 절에 가서 먹을 것을 얻어 오려고 개를 바위 위에 올려두고 스님에게 밥을 얻어서 돌아오는데, 갑자기 뇌성벽력이 치면서 쌍무지개가 섰다. 그리고 어머니가 개의 허물을 벗고 천사를 따라 하늘로 올라갔다(박월순(여, 61), 〈개로 변한 어머니 모시기〉, 「한국구비문학대계」 8-9, 이북면 설화57, 807~812면).

아들의 보살핌을 받고 세상 구경을 통해 아들에 대한 집착을 버리게 되니 어머니는 자신의 삶에서 성공적인 모습을 보이게 된다. 아들에 대한 과도한 애착을 가지고 있을 때에는 가지 못했던 하늘나라에 이제는 갈 수 있게 된 것이다. 어머니의 성공적인 모습은 다음 각편에서 더욱 자세히 나타난다.

중이 당신 모친을 보고 싶으면 자신을 따라오라고 해 따라가니 어머니가 부처가 되어서 앉아 있었다. 그래서 그 사람이 살림을 다 팔아서 세상 구경시켜주고 살림을 이루어 잘 살았다(이귀조(여, 71), 〈개가 된 어머니를 부처로 만든 효자〉, 『한국구비문학대계』 8-8, 삼랑진읍 설화40, 169~171면).

어머니의 깨달음은 부처가 될 정도로 높은 경지에 이르게 될 정도의 것이라고 할 수 있다. 이렇듯 어머니가 자녀에 대한 애착을 버리고 자녀가 독립성이 있으며, 그러한 아들에게 의지하고 보살핌을 받을 수 있다는 것을 인정하는 것은 힘이 드는 일이지만 이를 깨닫게 되면 훌륭한 삶을 살 수 있는 것이다.

〈개로 환생한 어머니 여행시킨 아들〉의 어머니와 마찬가지로 〈바리공주〉에서 아버지의 모습도 깨달음의 면모를 보이고 있다. 〈바리공주〉의 아버지는 비록 〈개로 환생한 어머니 여행시킨 어머니〉에서 어머니가 아들에게 애착을 보인 것처럼 바리공주에 대한 애착을 보이진 않는다. 그러나 그 문제의식에서 두 이야기는 맞닿아 있는 부분이 있다. 〈개로 환생한 어머니 여행시킨 어머니〉와 〈바리공주〉의 부모는 자녀와의 관계를 건강하지 못한 방법으로 풀어나가고 있기 때문에 문제가 생긴 것이다. 부모 자식 간의 관계에서 〈개로 환생한 어머니 여행시킨 아들〉에서는 어머니가 개가 된 것을 통해 자신의 삶을 제대로 살지 못한 것이 죄가 된다는 것을 보여주고, 〈바리공주〉에서는 바리공주의 부모가 병이 난 모습을 통해 바리공주의 아버지가 잘못을 저지르고 있는 것을 보여준다.[6] 〈바리공주〉의 줄거리를 제공하면 다음과 같다.

삼나라를 다스리는 어비대왕에게는 아내가 없어 나라가 쓸쓸했다. 종실과 신하들이 어비대왕에게 아뢰어 중전의 간택을 진행하였고, 길대부인을 중전마마로 봉하게 되었다. 어비대왕은 시녀상궁에게 의뢰하여 중전을 봉하기 전 국가의 길흉화복을 물을 점쟁이가 있냐고 물었다. 시녀상궁은 영험한 박사 둘을 찾아가 혼례날짜를 물으니 올해에 혼례를 치르면 칠공주를 볼 것이고 내년에 혼례를 치르면 세자대군을 볼 것이라고 했다. 그 말을 전해들은 대왕은 점쟁이가 용하다고 해도 어찌 모든 것을 알겠느냐며 당장 예식을 서두르라고 했다. 그러던 어느 날 중전에게 태기가 생겨 대왕이 문복을 시켰다. 점쟁이는 공주가 태어날 것이라고 하였고 대왕은 믿지 않았다. 그런데 열 달이 지난 후 보니 공주였다. 대왕은 다음에는 세자를 얻을 것이라고 이야기하며 첫째 공주를 청대공주라고 이름 짓고는 귀하게 길렀다. 그렇게 대왕이 여섯 번째까지 공주를 얻었는데, 일곱 번째 태기가 있을 때에는 세자라고 여기고 중죄인을 미리 풀어주었다. 그런데 일곱 번째도 공주가 태어나자 대왕은 자신의 전생의 죄 때문이라고 하며 이번 딸은 서해용왕에게 보내겠다고 했다. 중전 길대부인은 대왕에게 혈육을 버린다며 모질다고 질타하면서도 버리는 자손에게 이름이라도 지어주라고 했다. 그러자 어비대왕은 바리공주라고 이름을 지어 주었다. 대왕은 신하를 시켜 바리공주를 물에 띄워 버렸다. 석가세존이 삼천 제자를 거느리고 사해도를 구경하러 다녀오다가 바리공주의 옥함을 발견했다. 그 때 비리공덕할아비와 비리공덕할미가 바랑을 둘러 내며 가는 것을 본 석가세존은 바리공주를 두 사람에게 맡아 기르게 하며 데려다 기르면 없는 집도 생기고 옷과 밥이 저절로 생길 것이라고 했다. 할미와 할아비가 아기를 키우는데, 바리공주는 일고여덟 살이 되자 학업을 배우지 않았음에도 천문지리를 깨우치게 되었다. 바리공주가 열다섯이 되었을 때 어비대왕과 길대부인이 한날한시에 중한 병이 들어 일어나지 못했다. 대왕이 점쟁이에게 문복을 시키자 점쟁이는 자식을 버린 죄로 얻게 된 병이어서 두 사람이 한날한시에 죽게 되겠으나 무장승의 양헌수를 얻어 마시면 회춘할 것이라고 했다. 대왕은 약수를 얻어다가 자신을 살릴 신하가 있느냐고 했으나 신하들은 산 사람은 가지 못하는 곳이라 갈 신하가 없다고 했다. 대왕은 그렇다면 바리공주를 찾는 자에게 천금상을 주고 제후로 봉하겠다고 했다. 한 신하가 태양서촌에 밤에 서기가 가득하다며 그곳에 공주가 있는 듯하니 자신이 가보겠다고 했다. 신하가 바리공주에게 찾아온 사연을 이야기하자 바리공주는 바로 궁궐로 들어갔다. 대왕이 효양을 가겠냐고 하자 다른 여섯 공주들은 못 가겠냐고 했느냐고 물었다. 대왕이 그렇다고 하니 바리공주가 길을 떠났다. 힘겨운 여정 끝에 바리공주가 무장승을 만나게 되었다. 바리공주가 무장승에게 약수를 구하러 왔다고 하자 무장승은 길값으로 나무 삼 년, 불 때기 삼 년, 물 긷기 삼 년을 해달라고 했다. 바리공주가 아홉 해를 보내고 나니 무장승은 우리가 천상배필이라고 하며 일곱 아들을 낳아 달라고 했다. 바리공주가 무장승과 부부의 연을 맺고 일곱 아들을 낳은 후에 무장승에게 약수를 구해달라고 했다. 무장승은 바리공주가 긷던 물이 약수라고 알려 주었다. 공주가 떠나려고 하자 무장승은 이제 홀로 살 수 없으니 공주 뒤를 따르겠다고 했다. 바리공주가 돌아가는 길에 장례행렬을 만났는데, 자신의 부모 장례 행렬이었다. 바리공주가 약수를 부모의 입에 넣자 두 사람이 일어났다. 대왕이 바리공주에게 무엇을 주면 좋겠느냐고 묻자 바리공주는 바라는 것이 없다며 부모 효양을 갔다가 죄를 지어 왔다고 했다. 대왕이 무슨 죄냐고 묻자 무장승을 얻어 일곱 아들을 낳았다고 했다. 대왕이 바리공주에게 그것은 자신의 잘못이라며 무장승과 아들들이 먹고살게 해 주었다. 바리공주가 자신을 키워준 비리공덕 할미 할아비도 먹고 살 수 있게 해달라고 부탁했다. 바리공주는 죽어 만신들의 신이 되었다.

두 이야기의 해결과정에서도 공통점을 볼 수 있는데, 〈개로 환생한 어머니 여행시킨 아들〉에서 어머니와 〈바리공주〉에서의 아버지는 자신만이 자녀를 좌지우지할 수 있는 존재가 아니라 자녀들도 자신들을 살려줄 수 있는 존재로 인식하여 부모 자신의 문제를 해결하고 있는 것이다. 정운채는 이와 관련해 "〈바리공주〉에서 '바리공주가 장례 행렬을 멈추게 하고 부모를 살려내는 이야기'는 바리공주의 부모가 바리공주를 온전히 받아들이게 되었을 때 다시 살아날 수 있으며 뒤틀린 사태를 바로잡게 됨을 보여주고 있다."[7]고 이야기하고 있다. 마찬가지로 〈개로 환생한 어머니 여행시킨 아들〉에서도 어머니가 아들을 온전히 받아들이게 되었을 때, 즉 자신이 돌봐줘야만 하는 존재로 느끼지 않았을 때 사태를 바로잡을 수 있는 힘이 생성되는 것이다.

이렇게 어머니가 아들을 받아들일 수 있게 되면 자신의 성공뿐만 아니라 〈바리공주〉에서 바리공주가 신이 되는 것처럼 〈개로 환생한 어머니 여행시킨 아들〉에서 아들의 성공까지 따라오게 된다. 12편 중 7편의 설화에서 아들들은 부자가 되거나 입신양명에 성공하게 되는데, 이는 어머니가 개가 되기 전에는 있을 수 없었던 일이다. 어머니가 아들과의 건강한 관계를 맺게 되자, 아들은 자신의 삶에서도 성공할 수 있었던 것이다.

5. 자녀는 자녀대로 잘 산다.

현대의 부모들은 〈개로 환생한 어머니 여행시킨 아들〉의 어머니처럼 자신이 죽을 때까지 하나하나 챙겨줘야 자녀들이 잘 살 수 있을 것이라고 생각하고 자신을 희생하는 경향이 있다. 우리 사회에도 만연해 있는 것이 자녀가 아이를 낳으면 그 자녀를 조부모가 돌보는 일이다. 경제적인 일을 하는 자녀가 회사 일을 원활하게 수행할 수 있도록 돕는다는 측면에서 나쁘다고만은 할 수 없으나 부모의 입장에서 자신의 자녀도 자신이 키우고, 자녀의 자녀도 자신이 키우는 기현상이 일어나고 있는 것이다. 이러한 맥락이 일어나는 것은 자신이 손자, 손녀를 돌봐주지 않으면 자신의 자녀가 힘들 수밖에 없다고 보기 때문이다.

하지만 실상은 그렇지 않다. 자녀도 자녀의 삶을 살아갈 수 있도록 그저 내버려만 두어도 자신의 삶을 잘 살아갈 수 있다. 자녀가 부모에게 의지한 것이라고 볼 수 있지만, 반대로 생각하면 부모가 자녀를 독립시키지 못한 것이다. 그렇게 되면 부모도 자신의 삶을 주체적으로 운영하지 못하고, 자녀 또한 계속 의지만 하며 살아갈 수밖에 없는 쳇바퀴가 형성될 수밖에 없다.

다음 이야기는 〈거짓 장례로 개가 시킨 딸〉이라는 제목의 옛이야기이다. 이 옛이야기에서는 딸이 시집 간지 얼마 안 되어 청상과부가 되어 버려 혼자 살게 된 부모가 딸이 죽었다고 거짓 장례를 치러주고 집을 나가 살게 하는 내용이다. 여기에서 개가시킨 딸을 부모가 끼고 살고 있지 않는다. 멀리 내보내어 어디에 사는지도 모를 정도로 단절하고 산다. 그런데 딸은 부모가 기대한 것보다 더욱 잘 사는 모습을 보여준다. 요약한 이야기를 함께 보면 다음과 같다.

한 대감의 집에 시집 간 지 일 년도 안 되어 상부를 당한 딸이 돌아와 지내고 있었다. 대감은 별당을 지어 과부가 된 딸이 지낼 수 있도록 해주고, 밤마다 딸이 잘 지내고 있는지 돌아보았다. 그런데 하루는 별당에서 딸이 술상을 가운데 두고 남자와 마주 앉아 희롱하고 있는 소리가 들렸다. 대감은 무슨 일인가 싶어 별당 안을 몰래 들여다보았더니, 딸이 베개에 도포를 입히고 마주 앉아 희롱을 하고 있는 것이었다. 대감은 젊은 나이에 과부가 된 딸이 오죽하면 그러고 있을까 싶어 안타까웠다. 마침 대감의 집에는 과거를 보러 서울에 왔다가 대감의 집에서 머물고 있는 도령과 도령의 하인이 있었다. 대감이 지켜보니 도령의 하인이 행색은 남루하지만 인물은 제법 괜찮아 보였다. 대감은 하인들에게 도령의 하인을 목욕시키고 좋은 의복을 갖춰 입히게 하였다. 대감은 말끔해진 도령의 하인을 사랑에 앉혀 놓고 딸을 불렀다. 대감은 딸에게 사랑에 있는 남자를 따라가서 잘 살라고 하면서 패물을 챙겨 주었다. 딸은 그날 밤 남자와 함께 식구들 몰래 집을 떠났다. 대감은 식구들에게 갑자기 딸이 죽었다고 알렸다. 대감은 아무도 딸의 방에 들어오지 못하게 한 다음 가짜로 딸의 시체를 꾸며 관에 넣고 선산에 묻었다. 집을 빠져나온 딸과 남자는 부부처럼 꾸미고 얼마쯤 가다가 집터를 정하고 살림을 마련했다. 딸은 가지고 나온 패물을 팔아 집을 서울식으로 잘 꾸미고 남자와 부부가 되어 잘 살았다. 대감에게는 딸 외에도 아들이 있었는데, 얼마 후에 아들이 과거에 급제하여 암행어사가 되었다. 대감은 아들에게 암행어사가 되어 팔도를 돌아다니다가 어디서든 서울식으로 지은 집이 있으면 들여다보라고 하였다. 아들은 누이가 살아 있다는 것을 알아채고 팔도를 돌아다니며 서울식으로 지어진 집을 찾았다. 아들은 어느 마을에서 서울식으로 지어진 집을 발견하고, 주인에게 하룻밤 쉬어 가자고 청하였다. 주인은 흔쾌히 아들을 집 안으로 들여 음식을 대접했다. 대감의 딸은 서울 사람이 손님으로 왔다는 소식을 듣고 자기 집의 소식이나 들을까 해서 손님을 살피다가 동생을 알아보았다. 대감의 딸은 방으로 들어가 동생과 해후를 하였다. 동생은 누이 부부와 이런저런 이야기를 하다가 그 마을에서 어떤 대접을 받으며 살고 있느냐고 물었다. 누이 부부는 풍족하게 살고는 있지만 양반 대접은 받지 못한다고 하였다. 동생은 다음날 자기가 오라고 편지를 보내거든 누굴 오라 가라 하느냐며 오지 않겠다고 버티라고 하였다. 다음날 동생이 어사 행차를 꾸며 그 고을의 원에게 가자 대접이 대단하였다. 동생은 그 자리에서 누이의 남편에게 잔치에 오라는 편지를 써서 보냈다. 누이의 남편은 전날 동생이 시켰던 대로 하며 오지 않았고, 동생은 자기가 잘못했다면서 자기가 타는 가마를 보내 누이의 남편을 모셔오게 하였다. 동생은 누이의 남편이 잔치가 열리는 곳으로 들어오자 매형이 오셨느냐며 뛰어나가 맞아들였다. 어사가 극진하게 맞아들이는 것을 보고 그 고을의 원뿐만 아니라 그 자리에 모여 있던 다른 고을의 원들까지 누이의 남편에게 인사를 하였다. 그 다음부터 대감의 딸과 남편은 그 고을에서 양반 대접을 받으며 지냈다. 대감의 딸과 남편 사이에서 태어난 아들도 과거에 급제하여 잘 살았다.[8]

이야기에서 부모의 역할은 청상과부가 된 딸을 내보내주기만 한 것이다. 그 이후 자녀는 스스로 자신의 삶을 꾸려나간다. 하인과 결혼한 딸은 추후 자신의 남편이 양반 대접을 받을 수 있게 해주기까지 한다. 이와 같이 자녀는 자신의 삶을 살 수 있도록 기반만 마련 해준다면 스스로 잘 살 수 있는 방법을 모색한다. 그러니까 부모는 자녀가 살아갈 수 있는 작은 기반만 마련해 주고 부모의 삶을 잘 살아가기만 하면 되는 것이다.

6. 잘 죽으려면

옛이야기 〈개로 환생한 어머니 여행시킨 아들〉에서 어머니가 행한 기존의 인생은 '개'의 일생과 크게 다르지 않다고도 볼 수 있다. 개도 새끼를 낳으면 정성스레 새끼를 키우고 자신의 삶의 테두리 안에서 삶을 살아간다. 그러나 자신의 인생을 주체적으로 살아가는 것을 개에게 기대하긴 어렵다. 어머니의 인생 또한 아들에게 매달려 자신의 인생을 주체적으로 살아가지 못한 것이다.

인생에 있어서 자신이 자신의 인생을 주체적으로 살아가지 못한다면 잘 죽는다는 일은 있을 수 없다. 잘 죽고자 한다면 자신의 삶을 온전히 살아갈 수 있는 방법을 모색하는 것이 중요하다. 누군가에게 의존하거나 누군가의 삶에 깊숙이 개입하는 것 말고, 자신이 자신의 삶에 깊숙이 개입하는 것이야말로 가장 잘 살 수 있고, 잘 죽을 수 있는 방법이라고 하겠다.

〈참고문헌〉

부르노 베텔하임, 『옛이야기의 매력』 1-2, 시공주니어, 2006.
신동흔, 『살아있는 한국신화』, 한겨레출판, 2014.
이부영, 『한국민담의 심층분석』, 집문당, 2000.
정운채 외, 『문학치료 서사사전』 1-3, 도서출판 문학과치료, 2009.

04 아들의 전사, 반전 화가가 된 콜비츠
: 케테 콜비츠의 「피에타」

유창선

케테 콜비츠는 아들을 잃은 아픔을 딛고 새로운 작품의 세계로 나아간 삶을 살았던 화가였다. 주로 노동자와 가난한 사람들을 그리는 작품들을 만들었던 그녀는 민중들의 억압받는 삶과 저항, 그리고 실패의 고통을 그린 사회성 짙은 작품들을 판화로 내놓았다. 그러던 콜비츠의 삶과 작품 활동에는 막내 아들 페터의 죽음이라는 대사건이 자리하게 된다. 페터는 18세가 되던 해에 1차 세계대전의 전쟁터에 가겠다고 부모에게 말을 꺼냈다. 부모는 만류했지만 소용이 없었다. 그렇게 전쟁터로 간 아들은 결국 주검이 되어 돌아왔다.

그 슬픔은 무척이나 깊었다. 콜비츠는 "어머니로서의 삶은 이제 다 끝났다"고 절망했다. 아들 페터의 죽음은 그녀의 삶에 깊고 깊은 상처를 남겼다. 하지만 아들 잃은 어머니는 언제까지 슬픔에만 갇혀있지는 않는다. 페터가 죽은 후에도 그녀는 자신이 무엇 때문에 그리고 무엇을 위해 작업을 해야 하는지를 잊지 않았다. 페터를 위해 작업한다! 페터를 죽였듯이, 더 이상 아이들을 죽여서는 안

된다는 목소리를 내기 시작한다. 콜비츠는 자기 아들에 대한 애도에 머무르지 않는다. 아들을, 우리의 씨앗들을 죽인 것은 전쟁이었다. 반전의 메시지를 담은 작품들이야말로 아들을 죽음으로 몰아간 전쟁에 대한 반기였다. 그래서 아들에 대한 애도는 전쟁에 대한 반대라는 사회적 메시지로 승화된다. 아들 페터는 전쟁에서 죽었지만, 그 죽음을 거치며 어머니는 다시 태어났다. 민중의 삶에 대한 보편적 관심은 전쟁의 야만과 폭력에 대한 작품 활동으로 발전했고, 말년의 콜비츠는 반전을 넘어선 평화주의에 눈을 뜨게 되었다.

우리가 살면서 겪는 이별 가운데서도 가장 아픈 이별은 가족 간의 사별(死別)일 것이다. 부모와 자식 간, 혹은 형제 간 다시는 만날 수 없는 이별 앞에서 우리는 깊은 슬픔에 빠지게 된다. 그 슬픔에는 살아온 흔적들이 담겨 있기에 어느 슬픔보다도 깊다. 그래서 가족을 떠나보내는 슬픔에는 가족의 역사만큼의 깊이가 자리하고 있다.

여러 작가들은 가족을 잃은 아픔과 고통을 견디어 내며 작품을 만들어 냈다. 대표적인 작가로 롤랑 바르트와 박완서를 꼽을 수 있다. 먼저 롤랑 바르트는 어머니 앙리에트 벵제의 죽음을 애도하며 일기를 썼다. 그 일기들을 모은 책이 『애도일기』이다. 바르트는 1977년 10월 25일 어머니가 돌아가신 다음 날부터 거의 2년 동안 이 일기를 썼다. 노트를 네 등분해서 만든 쪽지 위에 바르트는 주로 잉크로, 때로는 연필로 일기를 써나갔다. 그의 책상 위에는 이 쪽지들을 담은 케이스가 항상 놓여 있었다. 현대저작

물 기록보존소에 간직되어 있던 원고는 분리된 쪽지 그대로의 모습으로, 생략되는 내용 없이 다시 편집되어 출간되었다.

그리고 국내의 작가로는 소설가 고(故) 박완서를 꼽을 수 있다. 박완서는 6.25 전쟁 때 오빠를 잃었고, 남편을 폐암으로 먼저 보냈으며, 바로 뒤에 아들을 사고로 잃고 말았다. 그 때마다 박완서는 깊은 내면의 고통을 겪어야 했다. 그래서 그의 여러 작품에는 가족을 잃은 아픔과 고통이 담겨있다. 그녀가 오빠를 잃었던 사연은 「엄마의 말뚝 2」에 담겨있고, 세상을 떠난 남편을 그리는 마음은 「여덟 개의 모자로 남은 당신」에 실려 있다. 그리고 사랑했던 아들 원태가 세상을 떠났을 때의 고통스러운 마음을 박완서는 참척의 일기 『한 말씀만 하소서』에 기록했다.

이들 작가에게 사랑하는 이를 잃은 아픔을 견디며 애도하는 과정은 글쓰기로 이어졌다. 이들은 글쓰기를 통해 자신의 아픔을 이겨내고 스스로를 치유하며 새로운 주체로 재탄생했다. 그 점에서 아들을 잃은 아픔을 딛고 새로운 작품의 세계로 나아간 케테 콜비츠(Käthe Kollwitz, 1867~1945)의 삶도 마찬가지였다.

1. 민중의 고통을 그린 케테 콜비츠

독일의 판화가이자 조각가였던 케테 콜비츠는 시대의 부조리를 고발하며 민중들의 가슴 아픈 삶의 조건을 애틋하고도 슬프게 표현해 낸 화가였다. 카테리네 크라머는 "함께 울고, 함께 느끼며, 함께 싸우고, 어려움도 함께 한다. 이 '함께'라는, 공동체적 감정을 강하게 풍기는 단어만큼 케테 콜비츠의 인간성 그리고 작품의 성격을 확연히 드러내주는 말도 없을 것"[1]
이라고 그녀를 표현하고 있다.

　콜비츠는 동프로이센의 쾨니히스베르크에서 다섯째로 태어났다. 그의
아버지 카를 슈미츠는 건축업자로 급진적 사회민주주의자였다. 아버지가
진보적인 사상을 갖고 있던 영향으로 콜비츠도 일찍부터 소외되고 가난한
사람들의 삶에 관심을 가졌다. 어머니 카테리나 슈미츠는 프러시아 개신
교 신학자인 율리우스 러프의 딸이었고 프러시아 연합 복음주의 교회에서
루터교로 개종했다. 콜비츠는 중산층 가정에서 별다른 어려움 없이 자랐
다. 그녀가 12세가 되었을 때 아버지는 딸의 재능을 알아보고 그림 공부를
시켰다고 한다. 16세가 되어 콜비츠는 아버지 사무소에서 본 노동자, 선원,
농노들을 그리기 시작했다. 그림을 공부하고 싶었지만 당시 프로이센에는
여성의 입학을 허락하는 대학교나 아카데미가 없었다. 콜비츠는 베를린에
있는 여성 예술 학교에 입학하였다. 콜비츠는 막스 클링거의 친구인 칼
쉬타우퍼 베른에게서 배웠는데, 사회성이 강한 클링거의 에칭 작업은 콜
비츠에게 큰 영향을 주었다.

　케테 콜비츠는 1891년 칼 콜비츠와 결혼했는데, 당시 칼은 의사로서 베
를린에서 빈민 구호활동을 하고 있었다. 돈벌이 보다는 어려운 사람들을
위한 의료활동을 했던 의사 칼 콜비츠와 결혼한 그녀는, 남편과 함께 베를
린의 가난한 지역에 거주하면서 자신의 사회적 신념을 키워갔다.

　뮌헨의 여성 예술학교에 입학했던 그녀는 자신의 재능이 회화보다는
판화에 있다는 것을 깨닫고 판화 작업에 몰두했다. 그녀는 주로 노동자와
가난한 사람들을 그리는 작품들을 만들었다. 매춘이나 실직같은 해결할
수 없는 문제들이 자신을 괴롭히고 슬프게 했다고 술회했던 케테 콜비츠

는 자신은 끊임없이 하층민을 그림의 주제로 삼아야 한다는 생각을 견지했고, 그들을 그리는 것만이 자신의 삶을 지탱해주는 원동력이 되었다고 말했다.[2] 〈직조공들의 봉기〉 〈농민전쟁〉으로 대표되는 그녀의 연작 판화들은 모두 민중들의 억압받는 삶과 저항, 그리고 실패의 고통을 그린 사회성 짙은 작품들이었다.

2. 주검이 되어 돌아온 아들 페터

그러던 콜비츠의 삶과 작품 활동에는 막내아들 페터의 죽음이라는 대사건이 자리하게 된다. 콜비츠의 일기에는 평소 페터에 대한 따뜻한 마음이 담겨져 있다.

> "또 다시 어린아이를 데리고 있는 꿈을 꿨다. 그래서 보드랍고 사랑스런 느낌이 들었다. 흔히 꿈속에서 감정이 승화될 때가 있는데, 그것보다 훨씬 더 사랑스러운 느낌이었다. 그 꿈에서 내가 느꼈던 감정은 말할 수 없이 달콤하고 거룩한 육체적 느낌이었다. 처음에는 페터가 거기 누워 잠자고 있었다. 그런데 내가 페터의 이불을 덮어주려고 다가가 보니 아주 어린 아기가 누워 있었다. 그 아기한테서 기분 좋은 따뜻한 냄새가 풍겼다."
>
> (1910년 4월)

페터가 활기차게 변해가기 시작한 건 좀더 큰 소년이 되었을 때부터였다고 콜비츠는 일기에 담았다. 어렸을 때 페터는 "조용하고 사랑스럽고 섬세한 아이"였다.

"페터가 특히 소중하게 생각된 건, 피렌체에서 내가 데리고 지낼 때부터 였다. 그 아이의 파란 앞치마가 걸려 있는 걸 보고 혼자 운 적도 있었다. 칼이 데리러 오자 그 애는 좋아하면서 아빠를 따라나섰다. 그 후 페터는 들에서 혼자 시간을 보낼 때가 많았다. 땅을 파고 뭔가 심는 걸 좋아했다. 개 피티만이 그 애를 따라다녔다. 그 시기는 그 애한테는 아주 행복한 발전기였다. 그 후에는 자연과학에 관심을 가졌고 돌을 모으기 시작했다."

(1910년 8월 18일)

콜비츠의 일기에 나오는 페터는 무척 사랑스럽다. 첫째 아들 한스가 이기적으로 자신을 보호하려는 경향이 있다면, 페터는 한스보다 훨씬 덜 개인적이라고 그녀는 쓰고 있다. 그래서 페터는 새로운 관계를 시작해도 아주 잘 어울린다. 어머니 콜비츠의 눈에 비친 페터는 연약하고 몹시 사랑스러웠다. 소년이었을 때 페터가 넋 놓고 거의 기절이라도 할 듯이 흐느끼던 모습을 기억하던 어머니는 자신이 죽으면 그 애가 그렇게 울 것을 걱정할 정도였다. 페터가 장성한다 해도 어머니에게는 언제나 그렇게 걱정스러운 애였다.

그랬던 막내아들이 18세가 되던 해에 전쟁터에 가겠다고 부모에게 말을 꺼냈다. 1차 세계대전이 일어났을 때 참전하겠다면서 만류하는 부모를 졸랐다. 그 때의 상황을 콜비츠는 일기에 이렇게 적고 있다.

"칼은 그가 할 수 있는 모든 말을 다 해보았다. 나는 그가 페터를 위해 그렇게 열심인 것에 고마운 생각이 들었지만 아무 소용이 없음을 알아차렸다. 칼이 말했다. "조국은 아직 너를 필요로 하지 않아, 그렇다면 벌써

불렸을 거야." 페터는 조용하나 확고하게 대답했다. "조국이 내 나이 또래를 필요로 하지 않지만 나는 필요로 하고 있어요." 계속 입을 다문 채 자신을 위해 무슨 말을 좀 해달라고 간청하는 눈빛으로 나를 보았다. 마침내 그가 말했다. "엄마가 나를 껴안고 이런 말을 하신 적이 있지요. 자신이 비겁하다고 생각하지 말아라. 우리는 모든 준비가 다 되어 있는 거란다." 나는 일어섰다. 페터가 뒤따라왔다. 우리는 문가에 서서 서로 껴안고 입을 맞추었다. 그리고 나는 페터를 위해 그렇게 하라고 일렀다. 다시 오지 않을 것 같은 이 순간, 결국 이 희생양이 나의 마음을 자신에게로 돌려놓았고, 다시 우리들이 칼의 마음을 움직이게 하고 말았다." (1914년 8월 10일)

부부는 전쟁에 나가겠다는 아들을 말렸지만 소용이 없었다. 그래서 이별을 받아들였다.

"페터에게 이별의 편지.
다시 한 번 이 어린 것을 탯줄에서 잘라내는 기분이었다. 첫 번째는 태어나기 위해서였지만, 지금은 죽음을 향해 보내는 것이다."

(1914년 10월 5일)

그렇게 아들을 죽음을 향해 보냈고, 실제로 그 아들은 주검이 되어 돌아왔다. 참전한지 얼마 되지 않은 1914년 10월 22일, 페터는 딕스뮈덴 근교 플랑드르에서 전사한다. 그 며칠 뒤인 10월 30일 금요일, 콜비츠의 일기에는 단 한 줄만이 적혀 있었다.

"당신의 아들이 전사했습니다."

더 이상의 말을 붙이지 않는 일기장의 외마디가 콜비츠가 받았던 충격을 오히려 생생하게 전달하고 있다. 그녀는 아들이 너무도 그리웠다. 두 달의 시간이 지났건만, 꿈에는 죽은 아들 페터가 나타난다.

"오늘 밤 페터가 아직 살아 있는 꿈을 꾸었다. 하지만 그 애의 정신이 이상해진 것 같았다. 꿈이 아니라 현실이었다면, 나는 그 애가 미치는 것보다는 차라리 죽음을 선택하리라는 것을 알고 있다. 그래도 꿈에서 나는 그가 살아 있다는 게 기뻤다. 미쳤다고 하더라도." (1914년 12월 15일)

이미 떠나가 버린 아들이지만 어머니의 눈에는 계속 페터가 보였다. 콜비츠는 페터를 발견했을 때, 사실은 그것이 페터가 아니라는 사실을 확인하는 게 두려웠다.

"눈이 내린 그루네발트로 가서 페터의 기념비를 세울 장소를 물색했다. 커다란 홀에 많은 사람들이 모인 꿈을 꿨다. 어떤 사람이 "페터는 어딨지?'하고 소리쳤다. 그 애가 스스로 그렇게 소리쳤다. 밝은 빛 속에 서 있는 그 애의 어두운 옆 모습을 보았다. 나는 그 애한테 가서 팔을 붙잡았다. 그런데 그 애를 쳐다볼 용기가 나지 않았다. 혹시나 그 애가 아닐까 두려웠다.

발을 쳐다보았다. 그 애의 발이었다. 팔을 보니 그 아이 팔이었다. 손을 봐도 그 아이 손이었다. 모든 게 그 아이의 것이었다. 그렇지만 얼굴을 보려고 할 때, 그 아이가 죽었다는 사실을 내가 알게 되리라는 게 분명해졌다."

(1914년 성탄절 이틀째 휴일)

그 슬픔은 무척이나 깊었다. 한 애는 죽고, 다른 아들 한스가 멀어졌을 때 콜비츠는 "어머니로서의 삶은 이제 다 끝났다"고 절망했다. 페터와 함께 할 수 있었던 그 시절이 미치도록 그리웠고, 그 만남은 다시는 오지 않는다.

"하지만 페터는 지금 가고 없다. 한스는 다시 우리에게 다가올 수 없다. 한스가 우리한테 동정심 같은 애정을 갖고 있는 건 분명하다. 그렇지만 우리는 하나일 수밖에 없는 부모고, 그 애는 혼자다. 내 아이들은 대체 어디 있나? 어머니는 대체 무엇인가? 한 아이는 오른쪽에, 한 아이는 왼쪽에 있었다. 그 애들은 나는 엄마의 '오른 아들', '왼 아들'이라고 부르곤 했었다. 하지만 한 애는 죽고 한 애는 멀어졌다. 나는 그 애를 도울 수 없고 아무 것도 줄 수 없다. 모든 게 변했다. 나는 더 불쌍해졌다. 어머니로서의 삶은 이제 다 끝났다. 가끔 나는 그 시절이 미치도록 그립다. 그 애들과 전처럼 춤을 추는 건 이제 다 지나간 일이다. 봄이 와서 페터가 꽃을 가져오면, 우리는 함께 봄날을 만끽하며 춤추곤 했었는데……"

(1916년 1월 17일)

아들 페터의 죽음은 그녀의 삶에 깊고 깊은 상처를 남겼다. 1916년 1월 2일, 케테 콜비츠는 스스로에게 이렇게 말했다.

"사람이란, 불행을 겪기 전에는 좀처럼 달라지지 않는 것 같다. 순전히 자기 의지에 의해서 변신하는 사람을 본 적이 없다. 그래서 변화란 더디게 일어나는 것인가 보다."

그녀는 전쟁과 아들의 죽음을 거치며 고통스러운 변신의 과정을 겪었다.

> "그때부터 나는 늙기 시작하여 죽을 날만 기다리게 되었다. 그것은 내 인생에서 하나의 획을 긋는 사건이었다. 더 이상 똑바로 일어설 수 없을 정도로 나는 꺾어버렸다. 이제는 어쩔 수 없이 저 아래로 가고 있나 보다."
>
> (1917년 10월 12일)

'이제는 저 아래로 간다'는 말에서 전쟁 전 그녀의 고단하고도 부지런한 생활을 엿볼 수 있다. 마치 가을 낙엽이 지듯이 모든 것이 집으로 돌아가는 것이다.

인생에서 '이제는'이라는 말은 통하지 않는다. 그러나 1차 세계대전이라는 고통스러운 체험을 한 그 시대의 사람들은 낡은 가치가 사라지고 새로운 것이 시작되리라는 것을 느끼고 또 바랐던 것이다. '이제는'이라는 말에는 밝고 분명하고 정화된 것, 그리고 사랑과 정의에 대한 동경이 표현되어 있다. 이것은 인식이 아니라 갈망이라고 크라머는 해석한다.

3. 슬픔 속에서 찾은 작품활동

하지만 아들 잃은 어머니는 언제까지 슬픔에만 갇혀있지는 않는다. 페터가 죽은 후에도 그녀는 자신이 무엇 때문에 그리고 무엇을 위해 작업을 해야 하는지를 잊지 않았다. 페터를 위해 작업한다! 이제는 매일같이 혼잣말로 중얼거릴 필요 없이 그와 직접 대화할 수 있게 된 것이다. 페터를 죽였듯이, 더 이상 아이들을 죽여서는 안 된다는 목소리를 내기 시작한다.

> "언제나 똑같은 꿈을 꾼다. 그 애가 아직 곁에 있는 꿈, 그 애가 살아서 돌아올지도 모른다고 믿고 있는 꿈. 그러다가 꿈 속에서도 그 애가 죽었다는 걸 깨닫고 만다. 씨앗을 짓이겨서는 안 된다." (1915년 2월 6일)

콜비츠는 페터의 죽음에 대한 깊은 슬픔에서 조금씩 자신이라는 주체로 눈을 돌리기 시작한다. 작품을 만드는 일을 통해 어머니는 다시 아들과 만나게 된다. 1919년에 완성한 〈어머니들〉은 지긋이 눈감고 두 아들을 품에 안고 있는 자신의 모습을 그린 것이었다. 콜비츠는 그림 속에서 죽은 페터를 다시 껴안고 있다.

〈그림 1〉 어머니들(1919)

"밤에 다시 어린아이 꿈을 꾸었다. 몹시 괴로운 게 많이 나타난 꿈이었다. 하지만 한 가지 또렷한 느낌은 내가 아주 어린 아기를 팔에 안았다는 것이다. 이 아이를 이제 영원히 이렇게 팔에 안고 있을 수 있다면 하는 생각에 몹시 행복했다. 일 년이든 이 년이든, 다시는 내줄 필요가 없다면."

(1916년 4월 18일)

"예전에 나는 페터 속에서 살았다. 언제나 내 주변에 그 아이가 있었다. 정말이지 모든 게 그 아이를 떠올리게 했다. 그 때는 내가 그 아이와 하나였다. 그런데 고통은 정말로 시간이 치료해 준다. 처음에는 그게 불가능하다고 생각하기 마련이지만, 그리고 나는 정말 다행스럽게도 일을 가지고 있다. 일이 나를 그 아이와 연결시켜 준다. 하지만 일을 하지 않는 시간에는 종종 내 속이 다 말라붙을 것 같은 느낌이 든다. 모든 걸 감싸 안는 페터에 대한 사랑, 한스에 대한 사랑, 칼에 대한 사랑이 가끔은 사라져서 황량해진다. 하지만 최소한 진실하다. 억지로 꾸미거나, 억지로 쥐어짜거나, 거드름을 피우거나 해서는 안 된다."

(1916년 8월 15일)

페터의 죽음에 대한 끝없는 슬픔으로부터 자신의 일을 통해 아들과 다시 연결되려는 콜비츠의 생각은 롤랑 바르트의 『애도일기』를 떠올리게 한다. 1977년 10월 25일 어머니가 돌아가신 다음 날부터 바르트는 『애도일기』를 쓰기 시작한다. 바르트의 슬픔은 프로이트가 말한 애도나 멜랑콜리 가운데 어디에도 속하지 않는다. 상실된 대상 앞에서 애도는 다른 사람을 대상으로, 멜랑콜리는 자신을 대상으로 대체한다. 하지만 어머니에 대한 사랑을 잃은 바르트의 슬픔은 대체가 불가능한 무엇이다. 그 상실이 남긴 부재의 공간은 '패인 고랑'으로 남는다.

"이 순수한 슬픔, 외롭다거나 삶을 새로 꾸미겠다거나 하는 따위와는 아무 상관이 없는 슬픔. 사랑의 관계가 끊어져 벌어지고 패인 고랑."

(『애도일기』, 1977년 11월 9일)

그는 슬픔 속으로 끝없이 빠져들어간다. 바르트는 그만 슬퍼하라며 슬픔의 권리를 빼앗으려는 코드화된 시스템을 거부하고, 슬퍼할 수 있는 권리를 말한다. 그래서 애도나 멜랑콜리와는 달리, 슬픔을 정리하려 하지 않는다. 그러나 그것이 자신을 무너뜨리고 포기하는 길을 의미하는 것은 아니다. '비타 노바(Vita nova)'를 통해 이전의 삶과 단절된 새로운 삶의 주체로 태어난다. 바르트에게 "비타 노바(Vita nova)는 래디컬한 몸짓"으로 지금까지 살아왔던 길을 끝내고 어떤 단절을 수행하는 것이다. 즉, 사랑하는 사람에 대한 애도가 불러일으키는 완전히 새로운 삶이다. 바르트에게 그것은 어머니에 대한 애도의 글쓰기였다.

콜비츠도 작품활동이라는 일을 통해 슬픔에서 빠져나와 다시 아들을 만나게 된다.

"사랑하는 페터, 너의 스물세 번째 생일이야. 오늘은 아주 아름다웠다. 오랜만에 처음으로 다시 많은 걸 할 수 있다는 느낌이 들었다. 〈어머니〉를 작업하고 있다. 며칠 전부터 내 마음에 감동을 준 게 있었다. 어제는 전쟁 연작을 석판으로 바꾸기로 결심했다. 그리고 페터의 생일인 오늘 나는 그걸 해냈다. 나는 두 아이를 감싸고 있는 어머니를 그렸다. 바로 내가 낳은 아이들을 데리고 있는 나 자신이었다. 나의 한스와 나의 어린 페터를. 그리고 좋은 작품이 나왔다. 고맙게도!" (1919년 2월 6일)

독일군 전몰자 묘지에 설치된 콜비츠의 〈비통한 부모〉는 아들 페터를 추모하는 콜비츠의 조형물이다. 이 작품에는 아들을 잃은 콜비츠 부부의 비통함이 표현되어 있다. 무릎을 꿇은 어머니의 눈은 수많은 무덤들을 주시하고 있고 두 팔은 그 무덤 속에 누워 있는 모든 아들들을 향해 뻗고 있다. 아버지 역시 무릎을 꿇고서 두 손을 품속에 꼭 끼고 있다. 무릎을 꿇은 부모의 분위기는 엄숙하다 못해 종교적이기까지 하다.

콜비츠의 다른 어떤 작품들보다도 〈비통한 부모〉는 마치 과거 어느 시대의 문화재를 보는 것 같은 느낌을 준다. 이 작품의 탄생은 콜비츠의 창작과 인생에서 큰 의미를 갖는다. 페터가 전사한지 18년의 시간이 지났지만, 작품에 나타난 부부의 슬픔은 깊고 또 깊다. 콜비츠는 작품을 통해 아들을 애도했고, 그리하여 다시 아들과 연결되었다.

〈그림 2〉 비통한 부모(1932)

그래서 아들을 다시 품은 것이 〈피에타〉이다. 〈죽은 아들을 안고 있는 어머니〉라고도 불리우는 이 작품은 고통스러운 표정으로 죽어간 아들, 그리고 그 아들의 죽음 앞에서 미약할 수밖에 없는 어머니의 모습을 담고 있다. 아들은 마치 자신을 낳아준 어머니의 자궁으로 다시 들어갈 것만 같고, 어머니는 아들을 낳았을 때의 모습과도 같다. 아들과 어머니는 다시 하나가 되었다. 그것은 아들을 낳기 이전 뱃 속에 품었을 때의 기억이다.

"옛 사람들은 자그맣게 조각하려고 시도하고 있다. 아마 그것은 피에타와 비슷한 것이 될 것이다. 어머니는 죽은 아들을 품에 안고 있다. 그것은 고통이 아니라 숙고이다."   (1937년 10월 22일)

〈그림 3〉 피에타(1937)

4. 반전과 평화주의로의 귀의

하지만 콜비츠는 자기 아들에 대한 애도에 머무르지 않는다. 아들을, 우리의 씨앗들을 죽인 것은 전쟁이었다. 반전의 메시지를 담은 작품들이 야말로 아들을 죽음으로 몰아간 전쟁에 대한 반기였다. 그래서 아들에 대한 애도는 전쟁에 대한 반대라는 사회적 메시지로 승화된다.

페터가 전사하고 1차 세계대전이 계속되던 무렵, 콜비츠의 일기에는 젊은이들의 무의미한 죽음에 대한 안타까움과 의문이 베어난다.

> "성직자가 자원병을 축복할 때, 지옥으로 뛰어들어서 지옥을 터뜨려버렸다는 로마 병사 이야기를 했다. 그건 한 사람이었다. 젊은이들은 누구나 바로 자신이 그 병사처럼 행동해야만 한다고 느꼈다. 그런데 결과는 전혀 달랐다. 지옥은 터지지 않았다. 수백만 명을 삼키고 또 삼켰다. 그리고 전 유럽은 여전히 로마처럼 가장 아름답고 가장 고귀한 것을 희생하고 있다. 이 세상에서 당연히 희생되어도 좋을 사람은 아무도 없다.
>
> 내가 지금 전쟁에서 무의미만을 본다면 그건 페터, 너를 배반하는 게 될까? 페터, 너는 믿음 속에서 죽어갔다. 에리히, 발터 마이어, 고트프리트, 리하르트 놀 역시 그랬다. 그들이 미옹(미몽)에서 깨어났다면, 그래도 지옥으로 뛰어들어야만 했을까? 그래야만 할까? 정말 그러길 원했을까?"
>
> (1916년 10월 11일)

전쟁이 우리의 씨앗인 아이들을 죽여서는 안된다는 어머니의 목소리를 담으며, 아이들을 품에서 지키고 있는 작품이 나중에 그려진 〈씨앗을 짓이겨서는 안 된다〉이다. 이 어린 아이들을 지키고 있는 어머니는 눈을 부릅 뜨고 있다. 전쟁에게 빼앗기지 않도록 아이들을 껴안고 있는 어머니의 두 팔에는 힘이 들어가 있다. 전쟁에 아이들을 빼앗기지 않으려는 어머니의 굳은 의지가 그려지고 있다.

〈그림 4〉 씨앗을 짓이겨서는 안 된다(1942)

일곱 개의 목판화로 만들어진 〈전쟁〉 연작은 1924년에 완성된다. 콜비 츠는 자신의 작업이 완료되었음을 알리는 편지를 평화주의 작가 로맹 롤 랑에게 썼다.

"나는 그 전쟁을 형상화하기 위해 무던히 애썼지만 그것을 포착할 수 없었습니다. 이제야 비로소 내가 말하고 싶었던 것을 어느 정도 말해줄

목판화 시리즈를 완성하게 되었습니다. 모두 일곱 개의 판화입니다. 그 제목은 〈희생〉, 〈지원병들〉, 〈부모〉, 〈과부 1〉, 〈과부 2〉, 〈어머니들〉〈민중〉입니다. 이 그림들은 마땅히 온 세계를 돌아다니며 이렇게 말해야 할 것입니다. 보시오. 우리 모두가 겪은 이 참담한 과거를."[3]

〈전쟁〉은 1924년 베를린에 세워진 국제 반전 박물관의 개관 기념 작품으로 전시된다. 이 연작은 아들을 끌고 가는 죽음의 선동, 남겨진 가족의 슬픔, 자식을 잃은 부모의 슬픔과 같은 주제를 표현하였다.

〈그림 5〉 지원병들(1922)

콜비츠의 초기 판화 연작들에서는 여성은 투쟁하고 고통 받는 자로 등장했다. 하지만 〈전쟁〉 연작들에서 여성은 어머니로 등장한다. 전쟁에서 아들을 잃었던 어머니로서의 자신을 담은 것이다. 콜비츠의 반전 작품들이 깊게 전해지는 것은 단지 전쟁에 대한 반대를 호소하는 데서 머무르지 않고, 어머니라는 인간의 시선으로 전쟁의 비극을 전하고 있기 때문일 것이다.

콜비츠의 손자 유타 본케는 '나의 할머니, 케테 콜비츠'라는 짧은 글에서 할머니에 대한 추억을 기록하고 있다. "할머니는 종전이 다가왔는데도 전혀 기대하는 눈치가 아니었고, 살아서 이것저것 더 경험하고 싶다는 생각도 없으셨다. 더 이상 터무니없이 피곤해 하지도 않으셨다. 그 외에는 모든 순간적인 일들을 고집스럽게 주장하고, 미래에는 인간이 더 발전하리라는 믿음을 갖고 계셨다. 때로는 생각에 잠겨서 호숫가 정원의 빨갛게 익은 사과가 오후의 햇살을 받으며 반짝이는 모습을 바라보셨다."[4]

"저 창 밖에 탐스러운 사과들 보이니? 이 미친 전쟁이 아니었더라면 모든 게 저렇게 아름다울 수도 있었겠지. '전쟁은 늘 있는 걸요'하는 식으로 말하지 마라. 그런 말은 나한테 소용이 없다. 물론 전쟁은 늘 있어왔지만, 이런 전쟁은 아니었다. 하지만 언젠가는 새로운 이상이 생겨날 테고 모든 건 전쟁으로 끝나게 되겠지. 나는 그런 믿음을 가지고 죽는다. 그렇게 되려면 굉장히 노력해야겠지만, 결국은 해낼 게 틀림없어."

"평화주의 말씀이세요?"

"그래 네가 평화주의를 반전 이상으로 이해하고 있다면 그렇다. 그건 새로운 이념이란다. 인간의 형제애에 대한 이념 말이다."

노년이 되어 인생을 정리하는 무렵의 콜비츠는 이제 전쟁에 대한 반대를 넘어 인간의 형제애를 구현하는 평화주의를 향해 가고 있었다. 결국은 인간들이 해낼 것이라는 믿음을 잃지 않으면서.

아들 페터는 전쟁에서 죽었지만, 그 죽음을 거치며 어머니는 다시 태어났다. 민중의 삶에 대한 보편적 관심은 전쟁의 야만과 폭력에 대한 작품 활동으로 발전했고, 말년의 콜비츠는 반전을 넘어선 평화주의에 눈을 뜨게 되었다. 이는 콜비츠가 아들의 죽음을 단순히 개인적인 아픔으로 받아들이는데 그치지 않고 한 시대의 아픔으로 승화시켰음을 의미한다. 아들의 죽음은 어머니의 새로운 각성을 가져왔고, 어머니는 아들의 죽음에 부끄럽지 않게 답했다.

아들 페터를 잃고 지켜본 시대는 나치 독일의 야욕으로 인해 유럽의 수많은 젊은이들이 죽어가야 했던 비극의 연대였다. 그것은 아들을 잃은 개인의 불행을 넘어 그 시대 모든 어머니들의 불행이요 아픔이었다. 유럽의 젊은이들이 덧없이 죽어가던 그 시기에 콜비츠는 전쟁을 고발하고 반전을 호소하는 많은 작품들을 남겼다. 아들의 죽음이 만든 작품들이었던 셈이다. 콜비츠는 그렇게 죽은 아들을 역사의 한복판으로 불러냈다.

전쟁으로 아무런 이유 없이 죽어가야 했던 아들, 그리고 동시대 사람들의 한과 분노를 담았던 케테 콜비츠. 그녀는 1945년 4월 22일, 77세의 나이로 세상을 떠났다. 그리고 얼마 뒤 나치 독일은 항복을 선언했다. 하지만 전쟁의 시대는 아직도 사라지지 않았다. 또 다른 전쟁들이 우리를 위협하고 있다. 반전 화가 콜비츠의 작품들이 시간이 지나도 가치를 더하는 이유이다. 아들을 전쟁터에서 잃은 그녀의 슬픔과 분노는 아직도 진행형이다.

〈참고문헌〉

민혜숙, 『케테 콜비츠』, 재원. 1995.

조명식, 『케테 콜비츠』, 재원, 2005.

카테리네 크라머, 『케테 콜비츠』, 이순례·최영진 옮김, 실천문학사, 2004.

케테 콜비츠, 『캐테 콜비츠』, 전옥례 옮김, 운디네, 2004.

〈그림1〉 어머니들, 1919, 석판화, 440x590, 일본 오키나와 사키마 미술관
　　　　소장.

〈그림2〉 비통한 부모, 1392, https://commons.m.wikimedia.org/wiki/File:
　　　　Het_treurende_ouderpaar_-_K%C3%A4the_Kolwitz.JPG#mw-jump
　　　　-to-license.

〈그림3〉 피에타, 1937, https://commons.m.wikimedia.org/wiki/File:Berlin,_
　　　　Neue_Wache,_interior_view,_2005.jpg#mw-jump-to-license.

〈그림4〉 씨앗을 짓이겨서는 안 된다, 1942, 석판화, 350x375, 일본 오키나
　　　　와 사키마 미술관 소장.

〈그림5〉 지원병들, 1921, 목판, 350x490, 일본 오키나와 사키마 미술관 소장.

[1부] 가치 있는 삶

2. 인생의 마지막 장에 대한 탐구 / 박승현

1) 소포클레스, 「콜로노스의 오이디푸스」, 『소포클레스 비극 전집』, 천병희 옮김, 숲, 2008, 1238행.
2) 박승현, 「개호보험시대의 '자립'의 의미」, 『비교문화연구』 21(2), 2015, 198.
3) 박승현, 「고독한 죽음과 돌봄의 연대」, 『일본연구』 75, 2018.

3. 종교가 인간 삶에 주는 의미와 가치 / 이수인

1) M. B. 맥과이어, 『종교사회학』, 김기대 · 최종렬 옮김, 민족사, 1994(M. B. Mcguire, *Religion: The Social Context*. Belmont, Calif. : Wadsworth Pub. Co. 1987).
2) 말레이시아와 인도네시아 모두 인터뷰시간은 2시간~4시간 30분에 달한다. 인터뷰는 현지 언어와 영어에 능통한 현지 여성 활동가의 도움을 받아 영어로 진행되었다. 연구 참여자들은 모두 대학교졸업 이상의 학력이며 석사 학위를 가진 사람들이 많았다.
3) 이 부분의 논의는 이수인, 「말레이시아 무슬림 여성들의 여성주의 운동 참여와 정체성 형성」, 『한국여성학』 29(1), 2013, 37-83; 이수인, 「말레이시아 근본주의자들에 맞서는 무슬림 여성주의자들의 실천 전략: 말레이시아의 Sisters In Islam 활동가들을 중심으로」, 『한국여성학』 30(1), 2014b; 이수인, 「인도네시아 이슬람 여성주의의 혼성성: 파타야 여성들을 중심으로」, 『아세아연구』 57(4), 2014c, 215-289; 이수인, 「인도네시아 진보적 무슬림 여성들의 베일에 대한 인식과 실천: 파따얏 엔우 여성들을 중심으로」, 『아세아연구』 58(4), 2015, 208-273의 내용들을 토대로 구성되었다.
4) 이원규, 『종교사회학의 이해』, 나남출판, 1997.
5) 고용복 · 한균자, 『사회학개론』, 한국방송통신대학, 1991.
6) 민경배, 『신세대를 위한 사회학 나들이』, 퇴설당, 1994.
7) 이수인, 「말레이시아 무슬림 여성들의 여성주의 운동 참여와 정체성 형성」, 『한국여성학』 29(1), 2013, 37-83.
8) 루이스 A. 코저, 『사회사상사』, 신용하 · 박명규 옮김, 일지사, 1978(Lewis A. Coser, *Masters of Sociological Thought: Ideas in Historical and Social Context*. New York: Harcourt. 1971).
9) 권복기, 「아미쉬 공동체 이야기」, https://blog.naver.com/jeanahn/100017486891, 2005.
10) 이수인, 「말레이시아 무슬림 여성들의 여성주의 운동 참여와 정체성 형성」, 『한국여성학』 29(1), 2013, 37-83; 이수인, 「인도네시아 이슬람 여성주의의 혼성성: 파타야 여성들을 중심으로」, 『아세아연구』 57(4), 2014c, 215-280.
11) 이수인, 「인도네시아 이슬람 여성주의의 혼성성: 파타야 여성들을 중심으로」, 『아세

아연구』 57(4), 2014c, 215-289.

12) 오경환, 『종교사회학』, 서광사, 1979.

4. 행복과 삶 / 강 철

1) 에피쿠로스적 입장이란 역사상의 에피쿠로스가 실제로 행했던 진술을 말하는 것이 아니라 그 자신의 철학에 비추어 그가 할 수 있었을 언급을 말한다. '에피쿠로스의 입장'과 '에피쿠로스적 입장'이라는 구분을 통해서, 필자는 에피쿠로스가 직접 행한 진술들을 엄밀하게 추적하지 않으면서도 논의를 유연하게 전개하고자 한다.

[2부] 좋은 죽음

1. 죽음, 좋은 죽음 그리고 전해야 할 말 / 양정연

1) 본 장은 David Kessler의 저서, *The Needs of the Dying* (Tenth Anniversary Edition)(Harper, 2007)을 중심으로 검토했다. 책의 제한된 분량과 저술방침에 따라 구체적인 인용과 내용 소개가 전체적으로 이뤄지지 못했다. 부족한 부분은 참고문헌과 소개된 내용을 통해 보충해주기 바란다.

3. 잘 죽는다는 것은? / 김혜미

1) 정운채 외, 「진시황의 불로초 구하러 간 신하」, 『문학치료 서사사전』 3, 도서출판 문학과치료, 2009, 3029.

2) 정운채 외, 「개로 환생한 어머니 여행시킨 아들」, 『문학치료 서사사전』 1, 도서출판 문학과치료, 2009, 96.

3) 그러한 애착 관계는 문제가 발생할 수밖에 없다. 예를 들어, 어머니가 아이에게 집착하는 것은 아이의 지능 발달을 저하시키는 데에 영향력을 줄 수 있다(김혜순, 「어머니의 집착과 양육 효능감 및 유아의 정서지능 간의 관계」, 『미래유아교육학회지』 제16집, 미래유아교육학회, 2009, 203-226).
또한 이러한 문제적 애착 관계를 맺은 아이는 부모가 되어 자신의 부모와 똑같이 자신의 자녀를 대하게 되기 때문에 또 다른 문제가 발생하게 될 수 있다(진미경, 「영아의 애착 유형과 어머니의 애착 표상 유형에 대한 연구」, 『아동학회지』 제27권, 한국아동학회, 2006, 69-79).
반대로 아이도 부모에게 심리적인 독립을 하지 못하고 계속해서 부모에게 매어있게 된다면 그것 또한 문제 상황이 발생할 수 있다. 이때 심리적 독립이란 부모와의 의존적 유대, 결속 관계에서 벗어나 자율적인 관계를 맺고 사고와 행동의 개별적인 자유를 획득하는 것을 말한다(조영주 · 최해림, 「부모와의 애착 및 심리적 독립과 성인애착의 관계」, 『한국심리학회지』 13집, 한국심리학회, 2001, 71-92).

4) 감싸기의 방식으로 대한다고 다 도량이 넓은 사람이라고만 할 수는 없다. 적절하지 않은 감싸기는 더 심각한 문제를 키울 수도 있다. 자식을 오냐오냐 하면서 키우기만 하면 버릇없고 못된 아이가 될 수도 있는 것이다(정운채. 「문학치료학의 서사이론」. 『문학치료연구』 제9집. 한국문학치료학회. 2009. 267).

5) 정운채, 「문학치료학의 서사 및 서사의 주체」, 『영화와 문학치료』 제3집, 서사와문학 치료연구소, 2010, 315-335.

6) 정운채, 「〈바리공주〉의 구조적 특성과 문학치료적 독해」, 『겨레어문학』 제33집, 겨레 어문학회, 2004, 173-203.

7) 정운채, 「〈바리공주〉의 구조적 특성과 문학치료적 독해」, 위의 책, 2004, 173-203.

8) 정운채 외, 「개로 환생한 어머니 여행시킨 아들」, 앞의 책, 2009, 152.

4. 아들의 전사, 반전 화가가 된 콜비츠 / 유창선

1) 카테리네 크라머, 『케테 콜비츠』, 이순례 · 최영진 옮김, 실천문학사, 2004, 9.

2) 민혜숙, 『케테 콜비츠』, 재원, 1995, 14.

3) 카테리네 크라머, 앞의 책, 2004, 188.

4) 케테 콜비츠, 『캐테 콜비츠』, 전옥례 옮김, 운디네, 2004, 543-544.

저자소개

이승훈 숙명여자대학교 기초교양학부 교수

박승현 한림대학교 생사학연구소 HK연구교수

이수인 한림대학교 생사학연구소 HK연구교수

강 철 서울시립대 교양교직부 객원교수

양정연 한림대학교 생사학연구소 HK교수

정현채 서울대학교 의과대학 내과학교실 교수

김혜미 한림대학교 생사학연구소 HK연구교수

유창선 전 한림대학교 사회학과 외래교수

생명교육총서 3

가치 있는 삶과 좋은 죽음

초판인쇄 2018년 05월 14일
초판발행 2018년 05월 20일
엮 은 이 한림대학교 생사학연구소
지 은 이 이승훈 · 박승현 · 이수인 · 강철
　　　　 양정연 · 정현채 · 김혜미 · 유창선
발 행 인 윤석현
책임편집 안지윤
발 행 처 도서출판 박문사
주　　소 서울시 도봉구 우이천로 353 성주빌딩 3F
전　　화 (02) 992-3253(대)
전　　송 (02) 991-1285
전자우편 bakmunsa@hanmail.net
홈페이지 http://jnc.jncbms.co.kr
등록번호 제2009-11호

ⓒ 생사학연구소 2018 Printed in KOREA.

ISBN 979-11-87425-99-1 04100　　　　　**정가** 13,000원
　　　 979-11-87425-84-7 04100(set)